JN410160

내 영혼의 조각들

내 영혼의 조각들

이 한 희 시집

밀레

서문

인생이란 참으로 아이러니하다
어린 소녀 시절엔 문학인이 되고 싶은
꿈을 꾸며 자랐다.

허나,
결혼이란 현실 생활 속에서
까마득히 잊고 살아오다

어느 날 문득
『내게 사랑 하나 있네』『꽃으로 선 당신』
『눈꽃 사랑』이란 시집을 접하게 된 순간
나 자신을 돌아보며 도전의 꿈을 꾸어 온지 4년 만에
첫 시집을 상재하게 되었다.

"뜻이 있는 곳에 길이 있다"란 말을 가슴에 새긴 순간
꿈을 이루었다는 자부심에 가슴이 떨리운다.
진정한 단 한 사람의 독자를 위해서라도
넓고도 깊은 시의 바다를 힘차게 헤엄쳐 보련다.

2023. 7. 10.
양재의 숲길에서
소연(素蓮) 이 한 희

• 목차 •

제2부 빗속의 잔상

제3부 잊지 못할 연정(戀情)

제4부 님 그리는 마음

제5부 어느 날의 단상

제1부
원추리 꽃

원추리 꽃 / 그대여(1)
문득 겨울이 / 낙엽 / 빛
모정의 추억 / 목련
간절기 / 어느새 가을이
아버지의 마음 / 가을(1)
엄마 / 감로암 / 나들이
당신의 존재 / 설강화(雪降花)
가을에 떠난 사람 / 당신이라는 이름
겨울바다의 초상 / 청보리밭
석간수(石間水) / 비 내리던 날의 추억

원추리 꽃
— 빛의 여운

기나긴 여정(旅情)의
해 걸음으로 돌아온
연두 빛 님이시여

꿈엔들 잊을까
이슬 맺힌 사슴의 눈망울로
가슴앓이 하였건만

빛으로 다가와
설레임만 안겨주던
그 모습 그 향기 예나 같건만
잊을 수도 돌아설 수도 없는 안타까움
어이해야 하나요

굴레 같은 삶 돌고 돌아
새 세상 맞으려 치면
아련한 그 꿈 가슴에 새겨
영혼을 약속하련만

그대여(1)

그대여
어찌해야 하오리까
불타는 이 가슴을

혼미한 영혼의 울림 앞에
아직도 흐느끼며
수줍음과 외로움을 떨쳐낼 수 없음을

반짝이는 별을 인형처럼 끌어안고
흘린 눈물의 세례가
이처럼 아려오는데

다가 갈 수도 물러 설 수도 없는
이 가슴의 전율을
석양에 지는 노을빛이
어찌 이 보다 더 하리오

문득 겨울이

푸르름의 싹들이
녹색 향연을 이루더니
오색단풍의 만추를 지나
싸늘함이 엄습한 차가운 겨울

짙은 커피 향에 취해
저물어가는 한해를 돌이키며
첫날의 다짐을 음미해 본다

성취의 단맛보다 미흡함의 쓴맛을 느끼며
그래도 성심껏 살았음에
안도의 마음 토닥이는 오후
잿빛 하늘엔
하얀 눈꽃송이 펄펄 내리겠지

이제 또 다른 한해가 열리면
더 큰 소망 꿈꾸며
더 큰 행복을 다짐해 보련다

낙엽

푸르름의 극치를 지나
바람으로 물든 홍엽 나부끼며
아름다움의 교태를 마음껏 부리더니

어느새
한 잎 두 잎 휘날려
고향 찾아가는지

번지도 주막도 없는
나그네 길
잠시라도 쉬어감이 좋으련만

네 갈 곳
또 다른 삶을 위한
자연의 섭리란다

빛

어둠을 깨드리는 인경(寅竟)의 시간에
촛불 밝혀
당신의 모습 우러러 봅니다

가느다란 각월(却月) 아래 비친
당신의 엷은 미소는

허덕이는 내 영혼에
밝은 빛
맑은 향으로 감싸주시는
님 이시여

아직도 영글지 못한 열매
사랑으로 가득 채워주시는
당신,
당신은 정령
내 삶에 희망의 등불입니다

(주) 각월 : 초승달

모정의 추억

삶이란 일상에
귀하고 귀하지 않은 것 있듯이
어머니의 마음도 그리하셨나 보다

보는 것도 아까워 소중히 간직했던
자수병풍에 도자기들
몇 번이나 사용하셨길래
저리도 고운 빛으로 남아 있을까

어머니의 손길
어머니의 체취가 물씬 풍긴
보물 보다 더 귀한 자랑스런 유품들

자녀들에겐 하찮은 것 일지라도
어떻게 물려줘야 할까
어떤 말로 전해줘야 할까

목련

기나긴 여정을 뚫고
을씨년스런 바람으로 피어낸
유두(乳頭)의 가지마다
옹기종기 모여든 봄의 전령들

실바람타고 함박웃음 지으며
화들짝 피어나면

목련꽃 하얀 마음 가슴에 담고
고운 님 만날 날 기다려 본다

행여,
행여나 오시려나
내 마음 알아차린
고운 님 소식

공허한 가슴에 모닥불 지피듯
하얀 목련으로
가득 가득 채우련다

간절기

시간이 썰물 되어
절기(節氣)로 밀려들 때면
향 짙은 여심(女心)은 바쁘기만 하다

형형색색 깃털로 세운 옷가지들
빼꼼히 문을 열고 줄서기를 하며
창밖의 햇살에 안간힘을 쏟는다

추울까 더울까
짙은 색 옅은 색 저울질하다
고르고 고른 옷 차려입고
뽐내며 나선 길에

에구머니,
먼저 고른 그것이 딱 이었는데
후회 아닌 후회가 등골을 잡는다

어느새 가을이

태양의 열기로 익어가는
울울창창(鬱鬱蒼蒼) 푸른 빛
파도 음에 밀려나
바람을 접드니만

어느새
시나브로 나부끼는 노란 은행잎
길섶을 흔들어 깨운
구절초며 코스모스의 향
들을 건너 가슴에 안긴다

이젠
색동옷 차려 입은 고목이며
하얀 수염 나부끼는 갈대들이
호반을 젖게 하겠지

아! 가을
바람도 단풍도
내 마음을 젖게 하는구나

아버지의 마음

기나긴 여정 외로움도 쓸쓸함도
자식위해 버텨 오신 삶
세월이 유수되어
몸도 마음도 쇠약해지신 당신

매주 동생과 함께 찾은
꿈의 동산이었건만
나 보다 먼저 온 동생의 수발에도
"왜 형은 안 온다니" 하시던
기다림의 여운 섞인 한마디

부모의 마음이란
큰 자식에 대한 사랑과 의지가 아니었을까

생을 바쳐 효(孝)를 다짐하지만
당신의 사랑에 미치지 못한 허울 좋은 이 삶
자학과 자괴감에 멍이든 가슴
무엇으로 헤아릴까

가을(1)

갈바람으로 찾아온
귀뚜라미의 구슬픈 노래가
밤하늘을 수놓을 즈음엔

향 짙은 갈잎들이
형형색색 나부끼며
가을 여행길에 오른다

코발트 빛 하늘에
갈색추억을 엮어
님의 가슴에 하트를 드리우면

소롯이 다가오는
님의 목소리
그대와 함께 걷고 싶은
황금 빛 낙엽 길

엄마

사철 등걸 휘어지며
빛바랜 세월로 지새운 삶

생을 받힌
한(恨)의 빗줄기 넘치고 넘쳐나
골이 패이고
강을 이루어
바다가 되는
엄마의 품속

거기엔
언제나 사랑과 평화가
빛으로 내리쬐는
거룩한 엄마란 이름 뿐

감로암

산모롱이 돌고 돌아
장고개 넘으니
모락모락 피어오른 저녁연기 속에
감로암이 서 있다

주지승은 간데없고
노 보살(老菩薩)만 홀로 남아
불단 앞에 촛불을 켜
바람의 춤을 추고 있다

중생들을 향한 사바세계의 염불소리
삼봉산의 정적을 깨뜨리고
대웅전의 풍경(風磬) 소리는
솔잎 스치는 바람에도 화음에 젖고 있다

삼라만상이 잠든 인시(寅時)에
도량석 목탁소리는
청아한 울림으로 세상을 일깨우고 있다

나들이

화창한 봄 햇살에
꽃가마 타고 나들이 한다

세월의 무게에 눌린
아버지의 청춘
이젠 꿈만 같았던
지난날의 화려함도 뒤로 한 채

휠체어에 의지한 몸으로
꽃바람 따라 물결치는
한강 고수부지를 걷는다

'이게 얼마만이냐' 하시던
그 천진스런 미소며
기쁨에 젖은 환한 마음
꿈엔들 잊을까
천상엔들 잊을까

이것이 효(孝)란 걸 잊고 살아온 자괴감
충효를 다짐한 자매의 나들이 길

당신의 존재

삶이 가져다 준 은혜
망각과 착각 속에서
수련(修練)만이 사랑인줄 알았습니다

어느 순간
깊고도 넓은
당신이라는 존재
알면 알수록 숙연해지는
사랑을 알았습니다

그 아련한 눈동자 속의
심오(深奧)한 사랑이며
포근함이 아롱져 오는 자비심에
내 마음 빼앗긴 줄 이제야 알았습니다

이 삶이 윤회(輪廻)하여 이 길에 온다면
후회 없는 사랑 찾아
당신 가슴에 꽃으로 피어나렵니다

설강화(雪降花)

가느다란 실비가
빗금을 긋고 살폿이 내려 앉아
무거웠던 동토를 일으켜 세운다

암흑의 터널을 헤집고
뾰족이 고개 내민
하얀 설강화

계절이
봄볕이
그리도 궁금했나 보다

님 찾아 그 먼 길 찾아왔건만
다소곳한 수줍음에
고개 떨구고
님 바라기 하시나요

가을에 떠난 사람

세월의 무상인지
바람의 여운인지
텅 빈 가슴에 그림자로
서 있는 당신

아릿한 그리움이
코스모스 되어 밀려오는데
다시는 볼 수 없는 님이 되어
떠나버린 빈자리에
보랏빛 쑥부쟁이로 피어난 당신의 모습

계절의 향기로 솟아오르는
그 속삭임들
아직도 내 가슴에 불꽃이 돋는데

꿈에서라도 함께 하고픈
떠나간 내 사랑아
보고픈 내 사랑아

당신이라는 이름

삶이
그대를 속일지라도
슬퍼하거나 노하지 않으리

수줍음에 다가 설 수도
물러 설 수도 없는
그 마음 어찌 모르리오

밤마다 애달픈 마음 끓어 안고
한(恨)의 소리가 주저리 주저리 열렸다오

사랑한다는 말 한 마디 할 수 없어도
노을빛에 타들어간 그 빛이
이 가슴 보다 더 붉으랴

겨울바다의 초상

수평선을 등지고
숨 가쁘게 달려드는
저 갈매기들의 군무(群舞)

하얗게 부서지는 파도는
외로움을 잉태한 포말 되어
밀려왔다 밀려가는 바람으로
가슴을 젖게 한다

소복이 눈 덮인 모래톱의
하얀 발자국들
그 님과 걷던 그 곳인데

붉은 노을빛에 물들어간
아름다운 연인의 발걸음은
한 쌍의 원앙 되어
둥지 찾아 유유자적 해변을 걷고 있다

청보리밭

살 어름 깨고 일어 선
푸르른 생명들
누군가의 발 뿌리에 눌려야만 하는
생기 돋친 삶

봄 향이 꽂필 때 면
사랑 둥지 되어 날아오르는
종달새의 낙원

햇살 머금은 바람에 춤을 추며
청춘을 불사르는 그 청량한 푸르름
거기엔 언제나 청춘의 낭만이
추억으로 되살아난 짙은 사랑 밭 이였지

노을빛에 타오른 황금물결엔
어김없이 찾아온 단골손님
피울음 토해내는 한하운의 친구들

석간수(石間水)

삼봉산 오솔길
걸어걸어 오르노라면

거북바위 마루턱에
솟아 오른 석간수(石間水)

솔잎 하나 떨어져
길손 반긴다

아, 맑고도 맑은
저 푸르른 하늘도
무에 그리 반가워
샘물 속에 노니던가

조롱박 드리워
우주를 목 추김하련다

비 내리던 날의 추억

태양의 하늘 보다
엷게 드리운 잿빛 하늘에
주룩 주룩 내리는 빗줄기가 좋아

레인코트의 깃을 세우고
나란히 걷던 쉘부르의 우산 속

우두둑 우두둑 쏟아지던
멜로디에 맞춰 흥얼거리던
님의 목소리는
아직도 뚝방길을 맴돌고 있다

까마득한 그 옛날의 여운
사철이 멀다하고 찾아 나선
나만의 배란
오늘도 꿈속을 여미는 빗속의 하루

암흑의 터널을 헤집고
뾰족히 고개 내민
하얀 설강화

계절이
봄볕이
그리도 궁금했나 보다

— 설강화(雪降花) —

제2부
빗속의 잔상

겨울 꽃

잿빛하늘에 싸늘함이 스칠 때면
발가벗고 서 있는 감나무엔
살포시 내려앉은 하얀 설화(雪花)
붉게 물든 까치밥과 조화를 이룬
한 폭의 수채화다

님 찾아 내려온 그리움인지
하룻밤 묵고 가자는 애잔함인지

어느덧
설화는 안개꽃이 되어
마디마다 주렁주렁
물방울 다이아몬드가 되어
내 가슴에 타오른 영롱한 그리움이다

빗속의 잔상

창밖엔 빗방울이 추적이고
가로등 불빛은 을씨년스럽게
행인의 발길을 더듬고 있다

무언가 골똘한 생각에 잠겨
사고(思考)를 유추해 보지만
아무것도 떠오르지 않는다

웬일일까
갱년기의 허무랄까
삶의 허상이랄까
바쁜 일상에도 무념(無念)의 틀을
벗어나지 못함의 추상(追想)일까

비바람에 나부끼는 나뭇잎이며
여인의 옷깃을 흔들어 깨우는
저 찬연한 모습들
쉘부르의 추억을 안고 빗길을 걷고 싶다

들꽃

살폿한 미소에 낮이 간지러워
눈을 뜬다

따스한 볕 아래
너울너울 춤추며 달려온
벌 나비들
문 열어 달라 똑똑똑 윙크를 한다

하품으로 일어선 늦잠을 깨워
꽃 문이 열리자

네가 먼저
내가 먼저
사랑놀이에 빠져
풋풋한 가슴에 불을 당긴다

사월

세월이 물 흐르듯
춘분이 지나가니

세상은 온통
꽃 향에 젖어
벌 나비 하늘 하늘
님 찾아들고

꽃 춤으로 설래이는
바람의 향기에
들뜬 가슴 부여잡는
사월은
청춘들의 계절
연인들의 사랑이야기

백설
— 은백의 세상

잿빛 하늘에 숨소리마저 들리지 않는
아리아가 울려 퍼지고
너울너울 꽃 춤을 추는 흰나비 되어
백설이 설한풍을 덮고 있다

밤새껏 무릎을 덮고 허리를 덮어
이글루* 집을 이룬 세상
함박웃음 터트린 아이들과 강아지는
눈 속을 헤엄쳐 솟구쳤다 뒹굴며
탄성을 쏟아 붓고 있는데

고드름을 따다
칼춤을 추는 노객(老客)들은
혼을 놓고 하늘만 쳐다보고 있다

빛이 없어도 밝은 세상
추하고 어두워도 맑고 깨끗한 세상
아!
우주의 삼라만상이
이렇게 아름다울 수가

(주) 이글루 ; 에스키모의 눈으로 만든 집

꽃샘추위

동토에 한이 서린 칼바람도
입춘(立春)에 날아가고
물오른 가지마다 유두(乳頭)로 피어난
봄소식

시샘하듯 콧등을 치고 달려든
매서운 추위
아직은,
아직은 아니라고 유세를 떤다

그럼에도 들녘엔
푸르름의 싹들이 고갤 내밀고
정겹게 흐르는 시냇물 소리에 맞춰
연분홍 꽃을 피워 물고
봄소식 이고 찾아오겠지

아쉬운 여행

꿈으로 부풀린 계획들
서서로운 일정으로 아쉬움만 남긴 채
돌아서는 날

오늘 보다 낳은 또 다른 꿈을 꾸며
다음이란
언젠가란
미래를 위한 그 날을 기약해 보련다

잠시나마 부풀렸던 동심의 세계들
그 옛날의 짜릿한 추억을 꿈꾸며
밀려왔다 밀려가는 파도를 따라
삼삼오오 짝을 지어 백사장을 거닐고 푼

아니,
갈매기와 더불어 하늘을 날고 푼 마음 되어
하얀 스카프를 흔들어 깨우리라

어머니

온 세상 부정 할 수 없는
가장 아름답고 좋은 말
어머니

가슴으로 품어 안고
등으로 키워온
한(恨) 많은 세월들

가족 위한 희생과 헌신
넘치는 사랑 주체치 못한
한의 여운들

이제
불러도 대답 없는 이름이 되어
목매인 눈물만
볼을 덮고 있다

빗물

섭디 서러운 그 날
당신이 누운 그 자리에
빗물이 고였어요

내 마음 알아차린
당신의 흔적으로
바람타고 그 먼 길 찾으셨군요

허나, 어찌 하오리까
잡으려 잡으려 해도
잡혀지지 않는 당신의 방울 방울들

창살을 스쳐 흐르는
저 빗줄기 속에
나는 당신을 못 잊도록 그리워하고 있음을

그대여(2)

기다림의 빛이
혜성처럼 떠 오른 순간
말문이 닫히고
가슴의 전율은 단거리 선수가 된다

그토록 바라던 님의 목소리
한생을 돌고 돌아 찾아왔건만
벙어리 냉가슴에 눈물만 젓는다

꿈엔들 잊을까 생시엔들 잊을까
다가서고픈 마음 하늘인데
수줍음에 눌려 떨리는 가슴 끌어안고
외로움만 질척대는 밤

고백에 고백을 다짐하면서도
사랑한다는 말 한 마디 못한
처연한 가슴앓이
붉게 타들어간 노을빛이
이 가슴만 하리오

눈 내리는 밤

검게 그을린
어둠의 햇살을 뚫고
내 곁을 찾아온 님이시여

희다 못해 영롱한 빛
천상의 해맑음으로
꽃눈 되어 펄펄 춤추며 오시나요

선과 악에 선을 긋고
만인의 가슴에 빛으로 쏟아지는
하얀 면사포 되어
찬란한 영광의 깃발 날리시나요

당신의 그 맑고 고운 빛
가슴 깊이 새겨 넣고
꿈길 보다 더 화려한
꽃 춤으로 지상을 덮어
이승을 살라 하네요

호수가의 풍경

서녘하늘이 붉게 물들 쯤엔
호숫가엔 산 그림자와 함께
유유자적한 삶들이 쌍을 이루어
회기의 본능을 찾아 집을 향한다

하루의 고단함과 무료함을 달래는
저 처연한 생명들의 윤회(輪回)
하루 하루의 무사와 안일에
방점을 찍고 사라지는 여유로움들

인생은 무얼 보고 무얼 느끼며
귀가의 본능을 잠재우고 있을까

비오는 날의 밤길

을씨년스런 밤 그늘에
추적추적 비가 내려요

그대는 지금쯤
무얼 하고 계시나요

빗방울 뿌려지는
그 아득한 날
우리 함께 걸으며 부르던 추억의 노래
지금도 가슴이 아려오네요

그대여
오늘도 가로등 빛이 비치던
그 길엔 희뿌연 비가 내리고
난,
당신의 그림자와 함께
음미의 발걸음 걷고 있어요

봄나들이

코트 깃 세운 자라목 계절이
엊그제였건만
어느새 넝쿨장미, 백합, 안개꽃이 들어 선
봄의 중앙에

손녀 손자 앞세워
나들이 간다

오리 등에 올라타 노를 젓는 연인들 속에
호수에 비친 고사리 손의
앙증스런 그림자며
미소로 머금는 함박웃음의 세례가
행복이 아닐까

한 방울 두 방울 시샘의 빗방울이 내릴 때면
카페의 창가에 기대앉아
꼬마 녀석들의 재롱에 찰칵 찰칵
커피 향에 취한 나들이의 향연

시냇물

햇살무늬 받쳐 입고
돌 뿌리도 건너뛰고
물풀도 스치면서
재잘대며 흘러간다

늘푸른잎에 새겨진
내 마음의 연서(戀書)를
그 님께 띄워 본다

흐르고 흘러 어디 메에 닿아서
그 품에 안기려나

세월이고 기다리는
여심(女心)을 알고나 있으려나

가을 엽서

갈바람에 물든
오색찬란한 갈잎 속에
꽃 그림자로 마주한 당신

그토록 오랜 삶의 여정에서
한(恨) 맺힌 영롱한 눈빛
거친 숨 몰아쉬는 당신 앞에
아무것도 할 수 없음에
가슴이 무너지고
땅이 꺼지는 비련뿐

다가갈수록 멀어져만 가는
공허한 마음의 여백들

까마득한 그 옛날
들꽃 한아름 꺾어 가슴에 안겨주시던
포근한 당신의 향기

아직도 그 추억 그 대로인데
어찌하여 그 먼 길 홀로이 떠나시나요

여인의 길

푸르름이 영글은 싱싱한 계절에
꿈 많던 꽃 처녀
향기도 아름다워
좋다는 맞선자리 많기도 많았건만

눈멀고 귀먹어 세상물정 모르다가
달콤한 입맛에 취해버린
한 많은 청춘

미운 정 고운 정에
시부모 손윗동서 사랑으로
복덩이라는 세 아들의 엄마 되어
키워 온 지난 세월

세월지고 살다보니
세 아들이 넷 아들 되어
한 딸만도 못한 애달픈 인생
그 길 채워준 며느리 사랑 있었다네

눈물의 소고
— 통한의 절규

삶이란 존재 속엔
언제나 기쁨도 슬픔도 함께 함이나

때로는
통곡의 한(恨)을 읊고 싶을 때가 있다

숲이 우거진 가지 사이와
격랑의 파도 속에서
아님, 침묵의 묵상에서도

그간의 한을 소리 내어
펑펑 쏟아 붓고 싶을 때가 있다

가슴이 떨려 내려 안고
영혼과 육신의 울림이
빛으로 쏟아져
깊고도 넓은 바다의 품처럼
출렁이며 출렁이며
쏟아 붓고 싶을 때가 있다

자화상

청춘의 덧 꽃피워
짙은 향 뿌려가며
한 생을 살라 했다

오솔길이면 어떻고
들꽃이면 어떠하랴
내 가슴 도려내는
꽃봉오리면 그만인 것을

주저리 주저리 맺힌 열매
사랑으로 가꾸고
곧은 뿌리 실뿌리엔
어버이 사랑 깃 드려
향기롭게 살고 싶다

아버지의 모습

세월의 무게에 눌린
삶의 허무가 이것 일 줄
주름진 서릿발에서야 알아차린
무능의 자학이 가슴을 친다

당당한 기상과 만능의 카리스마
사랑의 원천이라는 자랑스러운 모습에서
영원하리라고만 믿고 믿었던
아버지의 초췌한 모습에 한이 서린다

깨우치지 못한 한 많은 세월들
자랑스럽지 못한 자식의 도리며
효의 근본도 다하지 못한 삶에
참회의 마음만 서럽게 안겨온다

이제 얼마나 많은 날을
함께 할 수 있으려나
생을 바친 효를 다짐해 보지만
그 정성 그 은혜 어찌 헤아리리오

고향의 맛

어릴 적 뒷동산이 그리워짐은
추억과 사랑이 있음이고
세월의 무게가 있음이다

진달래 향이 그립고
산 까치의 노래 소리가 듣고 픔이며
노란 원추리 꽃 다소곳한 자태가
솔바람 향에 취하고 싶음일 게다

그뿐이랴
여름밤의 윙윙대는 모기떼며
솔방울 연기로 가득한 마당에서는
멍석 위의 구수한 옛이야기들

우물에서 건져 올린
빨갛게 드러낸 속살의 수박이며
반짝이는 별 헤는 밤이면
북두칠성 카시오피아 곰자리표 찾아
네 별 내 별 찾던 청순함이 있어서이다

모정이 꽃 피던 날

해맑은 빛의 소리로 태어난 생명 채
온갖 고난과 역경에도 아랑곳 하지 않던
불사조의 사랑 이야기

작열하던 태양 빛이
밤하늘을 수놓은 별빛이며
포근한 가슴의 달이
이 보다 더 하리오

생명의 탯줄 일으켜 세워 준
거룩한 혼(魂)의 세계
나의 신
나의 어머니

코트 깃 세운 자라목 계절이
엊그제였건만
어느새 넝쿨장미 백합, 안개꽃이 들어 선
봄의 중앙에

손녀 손자 앞세워
나들이 간다

— 봄나들이 —

제3부
잊지 못할 연정(戀情)

겨울 방학

싸늘함의 추억이 깃든 밤
할머니의 윗목엔
늘 질그릇의 콩나물 시루자리

목추기는 콩나물
달그락거리는 물바가지

긴긴 밤의 시장 끼에
가마솥 달구는 고구마 소쿠리
옹기종기 모여 앉아 호호호 부는 소리

살얼음 입맞춤에
오싹한 전율의 동치미 국물
방안 가득 피어나는 행복한 웃음소리
눈꽃으로 피어난 호젓한 밤

그리운 얼굴

까마득히 잊고 살아 온
흔적들
보고픔 보다는
애절함으로 자리한 당신의 얼굴

세월의 무게만큼 깊어져만 가는
잊을 수 없는 애틋한 사랑
하늘 보다 높고 바다 보다 깊은
당신의 마음을 어찌 알 수 있으리오

보고프고 그립다는 말 대신
당신의 씨앗으로 뿌려진
알알이 맺힌 열매들 바라보며

이 밤도 그리움으로 젖어오는
님의 모습 불러 봅니다
어머니
어머니

푸르른 잎 새 하나

빛의 소리에 눈을 띄워
바람으로 맺힌 여리디 여린 눈망울
가슴 벅찬 설레임 안고
유두(乳頭)로 피어난 청아함

만지면 터질세라
바람 불면 떨어질세라
설레임 부둥켜안고
희망을 속삭였건만

푸르름이 짙기도 전에
낙화되어 휘날리는
저 몽매한 청춘의 삶

누구를 위한 삶이며
누구를 위한 보람의 세월이었을까

해질녘의 농가

곱디고운 노을이 서산머리 넘을 즈음
하루의 고단함을 이겨낸
지게 진 촌노(村老)의 손에는
황소의 고삐가 들려있고

언덕 넘어 초가집엔
하이얀 연기가 모락모락
아낙네의 사랑이 피어오른다

옹기종기 모여 앉은 밥상머리엔
행복담긴 밀어가 꽃춤으로 피어나면
노파(老婆)의 주름진 미소가
손녀의 자랑꺼리로 활짝 피어난다

겨울 빛 풍경

음산한 하늘에
한줄기 빛이 쏟아지더니
세상은 온통 하얀 순백의 세계가 되어간다

잠들었던 세상
아직 깨어나지 못한 야생의 생명들
너울너울 꽃 춤을 추며
손님맞이가 한창이다

산에도 들에도
지붕에도 나목의 가지에도
소복이 쌓여만 가는
하얀 언어들이 천상의 화음을 읊고 있다

저 빛 고운 하모니
천상의 꿈이 되어 세상을 밝히는
설원(雪原)의 풍광(風光)이다

오월이 오면

푸르름이 짙어가는 오월이 오면
산허리 휘감고 도는 아카시아 향
화관(花冠)에 함박웃음 터트린 친구들
바람결로 다가선 추억이 그립다

속절없는 시공(時空)에 잔주름만 남은 세월
그 날이 오면
어김없이 보고픈 그 얼굴 그 모습들
아카시아 아가씨들

처마 끝 빗물

추적추적 그리움이 솟는 날
초가집 용마루 모첨(茅檐)에
방울방울 맺힌 여운들

못내 장맛비 되어
시샘으로 곤두박치니
청춘도 영혼도 무너져 내려
낙수되어 넘치는 물받이들

한(恨)인지 눈물인지
그 옛날의 추억들
새록새록 깨어나는
고향집 풍경

비가 내리면

잿빛 하늘에
먹구름 드리워지면

어김없이 찾아든
귀하디귀한 손님
앵두 볼을 타고 내려와
가슴을 적신다

멀고도 먼 그 옛날의 추억들
잊으려 할수록 더 또렷해지는
그리운 님의 모습

얘야,
부르시던 그 향기로운 목소리
오늘도 가슴을 맴돌며
따스한 봄비로 내 영혼에 젖어온다

잊지 못할 연정(戀情)

연두 빛 계절을 지나
홍엽(紅葉)이 춤추던 날
푸른 하늘 그리움으로
내 곁에 다가온 님이시여

크고 작은 애틋한 정(情) 밀려올 때면
그저 바라 볼 수 있도록
계셔만 주세요
가깝지도 멀지도 않은
그만한 거리에서
날 반겨주신 그 모습 그대로

깊고도 넓은 우리들의 사랑
슬픔으로 남아
내 가슴에 젖는다 해도

당신 향한 후회 없는
사랑이었기에
머 언 먼 훗날
아쉬움 뒤로 한 채
상처로 남을 이별이 온다 해도
행복, 행복하였노라
기쁨으로 말 하리요

겨울장미

어제 밤 불어제친
바람결에
등 떠밀려 왔는지
어둠을 뚫고 찾아온
하얀 얼음 꽃송이들
바람에 움츠려 고개 숙인 채
못다 핀 장미 한 송이
하얀 면사포 드리운 채
얼음 꽃으로 피었다
한낮 붉은 님의 입술
입맞춤에 얼굴이 더 붉어졌다네

가을의 초입에 서서

뙤약볕이 엊그제 였는데
빛도 바람도 꺾여
살폿한 그리움이 가슴을 맴돈다

하이얀 솜털구름에
울다 지친 매미의 탄식이며
청아한 귀뚜라미 소리에
국화향이 넘실대는 계절의 초입에 서서

풍요와 너그러움 보다
갈망의 잔을 채우고픈
야심어린 세월의 아쉬움을
어이 달래야 하는지

생각과 의지의 사이에서
방황의 늪을 걷지 못하고
아련한 추억만 젓고 있는
노심(老心)의 하루

봄이 오는 소리

살얼음 깨지는 소리에
화들짝 놀란 물고기
돌 틈으로 숨어드는데

마지막을 장식한 백설(白雪)이
살포시 내려앉아
빼꼼이 고개 내민
복수초를 맞이한다

산들 산들 불어오는 바람에
기지개를 켜는 가지마다
살포시 오른 유두(乳頭)가
개나리로 진달래로 피어 나며는

파릇한 봄 향기에 취한
우리들의 가슴에도
영글어가는 사랑 무르익겠지

여름 속의 들녘

연둣빛 향이 짙게 물든 들녘엔
강한 햇살과 더불어 익어가는
초원이 있는가 하면

생명수로 넘치는 삶이 있어
꽃피고 익어가는
삼라의 활력이 생기 돋듯 피어나는 곳

거기엔 사철 푸르른 장엄한 이 기상(氣像)이
당당함을 앞세운 듯
천년의 고목으로 서서

그 누구도 범할 수 없는
사랑과 용서와 배려의 깊은 뜻으로
그늘 막을 형성하여
위용(偉容)을 떨치고 서있는 묵시의 광야

첫 만남

단발머리 꽃 소녀는
꽃피고 물장구치는 계절이며
썰매에 몸을 싣고 눈 장난치던 계절엔
으레 할머니 댁에 갔었다

뜻하지 않았던 미소년과의 만남
친구 분의 손자라며
같은 또래이니 서로가 잘 지내란다

어색함은 잠시
금방 친구가 되어
뒷동산이며 들을 헤매 돌던
아릿한 추억들

해가 거듭되고 난 얼마 후
바닷가에서 변을 당했다는 비보
하얀 피부에 야릇한 미소의 그 얼굴
세월이 지나 청춘을 넘었음에도
가슴 한 켠에 살아있는 꼬마친구의 그 모습

나들이 길의 풍경

봄의 여운이 엊그제였는데
한 해의 중간에 선을 긋고
태양의 열기가 따갑게 찾아온다

빨갛게 피어나는 장미 빛 연가며
담쟁이를 넘나드는 부용화의 자태는
마치 한 여름 밤의 추억을 잉태하고 있다

비탈진 양재천의 풀 섶들은
바람에 나부끼며 꽃 춤을 추고
흐르는 냇물 따라 쌍을 이룬 오리들은
유유자적 사랑놀이 하고 있다

아, 계절의 환희여

짙게 물들어간 나무들은
휘늘어진 능수버들의 자태를 시샘하듯
바람의 춤을 불러드려
나들이객에 진한 추억을 엮어가고 있다

가을(2)

연두 빛 잎 새가
어느덧 자취를 감추고
찬바람 소스라치니
또 한 해가 간다

젊은 날 줄지어 서있던
꿈 많던 사연들
커다란 바람 이룰 수 있음을
소망 하였건만

삶에 부대기어 조각난 꿈들
이젠 기억 속 아쉬움으로 남아
가슴 한 켠에 간직한 채
후회만이 나를 괴롭힌다

되돌릴 수 없는 한 많은 사연들
곱디고운 단풍으로 물들여
꿈속에서라도 아름다운
사랑 꽃 피워
노래 부르리

고향집

코발트 빛 하늘을 수놓은
구름 사이로 굽이굽이 돌고 돌아
고갯마루 오르니

모락모락 피어오른
할머니의 얼굴

가쁜 숨 몰아쉬며
사립문에 다다르니
마당 끝 이랑에 선 감나무
두 팔 벌려 나를 반기네

지금도 그 모습 그대로 인데
바람에 스치는 향기조차
느낄 수 없는
그립다 아니 그리운
님의 목소리

이웃사촌

두 집 건너 오누이 보다
더 가까운 친구
말하지 않아도
텔레파시가 통하여
그림자로 다가선다

몸져누워 식은땀 흘리던 날
창밖에서 들려오는 반가운 소리
지병으로 힘들 때마다 달려와 준
손아래 친구

식은땀 닦아주며
언니 아프지 마
안쓰러운 눈망울로
하얀 쌀 씻어
참기름 한 방울에 볶아 만든
고소한 흰죽 한 사발

정성과 성의로 빚은 고마움에
한 입 두 입 힘을 내어 일어서 본다

겨울바다

어울 너울 파도이랑 일구며
다가오는 하얀 파도는
모래밭에 새겨진
추억 하나 지우고 간다

젊은 날
푸르른 꿈과 희망으로
지내온 세월
아직도 다하지 못한 나의 목표
서산머리에 걸려 있는데

저렇게 밀려오는 이랑의 파도는
짙은 글씨로 새겨 놓은
마음 밭의 심중을 알아차린 듯
고요로 출렁이고만 있다

노을 발 내리는 저 붉은 하늘
내일의 희망을 안고
뜨거운 정열로 꽃 피우리라

봄은 왔는데

이슬비에 목축인
연록색 잎새들
짙게 짙게 물들어간
봄의 뒷자락에

방긋 방긋 미소 짓는 모란꽃 아가씨
아카시아 향에 취해
떨리는 가슴 부여잡고

님과 함께 발 맞춤하던
아련한 추억들

행여 행여나
님 바라기에 지쳐버린
소녀의 가슴엔
멍자국만 새겨진 갈색 잎 계절

아, 계절의 환희여

짙게 물들어간 나무들은
휘늘어진 능수버들의 자태를 시샘하듯
바람의 춤을 불러드려
나들이객에 진한 추억을 엮어가고 있다

— 나들이 길의 풍경 —

제4부
님 그리는 마음

그대의 허상

세상의 허무가 이것인가 하네요
당신이 떠나시던 그 모습 뒤로한 채
어둠과 함께 밀려오던 환청(幻聽)
그러나 아무도 보이지 않는다

이제 당신의 빈자리
가슴 조이던 애절함과
그 많던 즐거움들 어찌 채우랴
그 먼 길 홀로이 떠나시나요

야속타 눈물지며 원망도 해 보지만
님의 그림자
님의 목소리마저 들리지 않는구려

허나, 어찌 하오리까
그리워 그리워함으로
기다림 하오니
꿈길엔 듯 찾아와 못 다한 사랑
주고나 가소서

님 그리는 마음

꽃 피고 진자리에
바람이 스치면
먼 길 떠났던 그 님
소식전해 올까요

그리워 그리워 기다림 하오나
보이지 않는 그 님
내 마음 달래며
꿈길에서나 만나볼까
가슴 태워도 보이지 않는구려

삶이 그렇고
사랑이 그런 것인가

한 번 준 정 되돌릴 길 없어
목숨 바쳐 기다림 하는
이내 마음 알고나 계실런지

모래밭

푸르름에 활기 넘치는 태양의 계절에

무겁고 어두웠던 고난의 시간들
한 겹 두 겹 벗어던져
밀려왔다 밀려가는 파도에 실어
해양을 떠돌게 하리라

그래도 남아있는 마지막 응어리
모래톱 헤집고 묻어버리리

하늘처럼 바다처럼
훨훨 날아 자유의 자유를 웃음으로 꽃 피우리

태양의 섬

사철 푸르름에 떠 있는
원시림의 동산
바람도 구름도
인간들마저도 둥둥 떠다니는
외딴 섬

초자연의 섭리 속에
더불어 살아가는 동식물들
평화란 말이 어울리지 않는
아름다운 꿈의 나라

무지갯빛 비경(祕境)에
혼을 놓고 살아가는
저 몽매한 사람들

삶의 여정

서산 넘어 지는 해는
달이 그리움이며

여명과 함께 기울어지는 달은
햇님이 그리워서가 아닐까

출렁이는 갯바람 또한
인생과 같을 진데

파도의 높낮이가
어찌 인생보다 더하다 하리오

눈뜨고 감는 것 역시
한 많은 수레바퀴 인생인 것을

벌써 봄이

입춘지나 춘분이 오니
한식이 내일 모래

봄소식 이고 찾아온 꽃들의 향연은
시샘하듯 자태를 뽐내고 있건만

색동옷 갈아입고 벼르고 벼른
열여덟 봄 아가씨

이웃나라 불청객에 손발이 묶여*
갑갑한 두문불출
마음 둘 곳 찾지 못해
하늘하늘 원피스에 눈길만 오락가락

(주) 우환 코로나에 갇힌 삶

메밀국수

주부의 하루는
끼니의 선택에 행복이 오고가듯

뙤약볕에 고른 메뉴
메밀국수 한 사발

슥삭 슥삭 무 갈고
송송 썰은 파에
삭둑 삭둑 김 잘라

알싸한 겨자 소스에 얼버무려
후르륵 후르륵 콧등을 칠 때면
오싹한 등줄기의 행복담긴 그 멋

밤비

까만 밤
꽃잎에 입맞춤하려
살며시 내려앉은 봄

시샘한 바람에 놀라
눈 맞춤도 못한
찰나의 순간이 못내 아쉬워

안개비가 되어 버린
영혼의 조각들

이네,
원망이 아쉬움과 그리움 되어

가슴에 묻고
이슬비 되어 내리고 있네

첫눈

싸늘함이 엄습한 그 날
수줍은 듯 찾아온 첫눈

허공을 날고
산과 들을 서성이며
내 뜰을 찾아오신 당신

그 먼 길
오시려거든
함박웃음 소복이 적셔 주시지
가늘고 가냘픈 서릿발로 오시렵니까

아니올시다
이제 시작인 걸요
덧 다리 펴 놓고 기다림 하오니
나목(裸木)도 뜰에도 소복이 내리 오소서

은파(銀波)

산들 바람에
콧날이 상큼하게 가려운 시간
한강 고수부지엔

강물 따라 배회하는
꽃보다 아름다운 연인(戀人)들의 모습
저마다의 멋들이 꽃 춤을 추고 있다

물결 위로 쏟아지는
잔잔한 빛의 여운들
은파(銀波) 되어 출렁일 때 마다

먼 옛날
할머니의 비단 옷고름처럼 흩날리는
초연의 봄 나절

화담 숲에서

청명한 바람 속에서 맞는
어린이 날
손주 녀석들이 왔다

왁자지껄한 웃음 속에
할아버지 할머니를 향해
인사하는 모습이 너무도 예쁘다

아차, 선물 준비를 못한 탓에
겸연 쩍은 미소를 날리며
오늘은 깜짝 선물을 주기로 했다

아범아,
할아버지가 준비한 선물 찾으러 가자
이렇게 나선 화담 숲 전경

리프트며 모노레일이며
인공폭포가 흐르는 전경은
환상의 극치였다

주최 측에서 마련한
퀴즈게임

서로가 앞 다두며 맞춘 선물
손주들의 자랑이고
행복한 하루였다

생(生)이란 존재

철부지 적 세월 지나니
어느덧
삶이란 존재 속에
허무와 탄식을 느낀다

삶이란
세월을 따라가는 것인지
세월이 나를 따라 오는 것인지

하루가 이틀이 되고
일주일이 한 달이 되고
한 달이 일 년이
아니, 십년이 가고 있다

즐거움과 행복만이 영원하리라 믿었건만
꿈 많던 소녀의 가슴엔
어느덧 갈색 바람의 사연만 쌓여들고

소중함도 그리움도
바람 되어 날아가고 있어
허무의 정(情)만 가슴을 멍들게 한다

한(恨)의 소리

불현 듯 찾아든 그리움
생각의 생각이 사고(思考)로 이루어질 때면
어김없이 찾아든 눈물세례

딱 한 개 피 만이라는
애원을 뿌리치지 못하고
한 모금의 하이얀 연기 날리시며

한 순갈의 목 추김으로
꿀꺽 소리 내시던 그 처연한 울림
지금도 내 귀청을 울리는 천둥소리

초점 잃어간 눈동자에
이게 아니야, 이게 아니야
안 돼 안 돼 외치면서
순간의 이별이 마지막 일 줄이야

그 가슴 도려내는
한(恨)의 소리
영혼의 울림이다

올 가을은

스산한 바람이 유난히도 절여오는
호젓한 시간에
남몰래 흐르는 감성의 끈이
가슴을 짓누르고 있다

오색찬란한 계절에
갈잎향도 느낄 수 없는
그 처연한 비련의 사연들

이 가을의 문턱에서
나를 휘감고 도는
혹독한 전율의 시간뿐

꿈에서나 잊을까
허공을 맴도는 아련한 님의 모습
깊어가는 이 밤
울컥한 가슴에 눈물만 젖는다

할머니 생각

세월이 유수되어
내가 할머니의 그 시절이 되었다

그리워 그리워 찾아든 고향
이젠 그 흔적 찾을 수 없어
가슴엔 아련한 멍에만 일고 있다

마당 끝 이랑에 선 감나무 그늘과
초가집 마루에 걸터앉아
할머니 기다리던 바람소리가
아직도 귓가를 맴도는데

이제는 그 따스한 목소리
들을 수 없음에
가슴 무너져 내린
그리운 님의 흔적들

님 가시는 길

천륜으로 맺어진 곱디고운
님이시여
꽃피는 세월 따라
꿈보다 아름답던 그 많은 추억들
바람 따라 날아가는
별빛 사랑아

그대가 남긴 애틋한 사랑
아직도 이 가슴엔
불꽃으로 이글거리는데

빗금으로 씻기워져가는
희미해진 당신의 흔적들
애닯다 눈물지며 불러봅니다

보고프다 그립다
애절한 내 사랑아
내 고운 사람아
이제가면 언제쯤 다시 만날까

코로나 팬데믹

생의 활력을 찾고자
떨림 반 설렘 반
배움의 창(窓)을 노크 했건만

세상의 불청객이 찾아와
너나 나나 두발 묶어
서로를 격리하니 시간이 무심 하도다

그리운 사람 반가운 사람
따끈한 차 한 잔에
정(情) 주고 받으며 배움을 토하고 싶지만

무력과 나약함의 찌든 얼굴들
야속타 그 이름
코로나 팬데믹

이월

세월이 유수라 했던가
새해의 시작이 엊그제 같은데
벌써 한 달이 지나가고
춘분(春分)이 앞이니

동토(凍土)를 뚫고 일어선 보릿고개며
춘향(春香)이 무르익은
개나리 목련꽃 기지개켜며
화들짝 피어나겠지

검고 투박한 옷가지 벗어던져
속살 드러내는 여인네의 향기 속에
가슴 설레이는
새 봄으로 다가오겠지

북망산천

이한권*

뜨겁게 달구어진 더위가 지나가니
갈바람 소리가 을씨년스럽게 불어온다

안개 짙은 고요한 밤
달빛에 젖어 나룻배에 올라앉아
요단강을 건너며
해탈의 길을 달려 아침을 맞는다

강 건너 온 푸르른 산야(山野)
이슬 맺힌 풀밭에
사뿐히 내려앉아
가을걷이 나온 아낙에 길을 물으니

여기가 바로
만산홍엽 곱게 물든
북망산 열두 폭 계곡이란다

여보게, 친구
누가 묻거들랑
북망산 단풍 구경 갔다고 전해주게나

(주) 이한희 시인의 오빠 유고 시 3편임

친구야

이한권*

반생을 내 몸처럼 허물없는
분신으로 지내온 자네

살아 생존
도움보다는 받기만하다
조용히 떠나는 길에
서운함도 많았을 터

우리들의 운명인 걸
어찌 하겠나
자해(自解)와 용서로 훌훌 털어 버려
홀가분하게 가세나

참으로 오랜만에 부수와 인수 만나려가면서
막걸리 한 주전자라도 사들고 가야
반가이 맞아 줄 터인데
빈손이라 어떨지

천상 친구들 만나서 자네들 안부 전할 테니
자유민주주의 꼭 지켜
주유천하(周遊天下)하다가
천수(天壽)를 다하고 천천히 따라 오게나

모처럼 만나서
높고 넓은 하늘 세상 돗자리 펴고
빈대떡에 저승주 마셔가며
고스톱 한판 재미있을 것 같네

이 친구들이
내가 가면 마중이나 나올까
아님 왜 이리 늦게 왔냐고 푸념이나 안할까

북망산 유람 길에

이한권*

내가 타고 갈
백마의 황금마차 없어도

황금강아지 무술(戊戌)이는 있으니
외롭지 않다

연보라 빛 들녘을
쑥부쟁이가 갈바람 일으켜 세워
황금물결 이루니
천국의 길이 황홀하다

구절초 향에 취한 몸으로
태산준령을 넘고
청정의 허공을 지나
피안의 언덕을 오르니

세상은 온통
색즉시공(色卽是空) 공즉시색(空卽是色)이더라

(주) 원효대사의 반야사상 ; 물질의 존재는 인연에 따라 존재하며 공과 색은 만물이라는 뜻

제5부
어느 날의 단상

어린 시절의 추억 / 동행
어느 날의 단상 / 묵직한 사랑
아버지 / 고향
아버지와의 한강 나들이
부모 마음이란

어린 시절의 추억

추억의 그림자가 주마등처럼 스쳐가는 아주 어린 꼬마 시절이었다. 할머니 댁에서 자란 나는 서울에서 엄마가 오시면 왠지 쑥스러워 굴뚝 뒤의 장독대에 숨듯이 쪼그리고 앉아 있곤 했었다.

환한 웃음의 엄마는 "왜 여기 있어 이리와~." 하시며 팔을 벌리면 그때서야 살며시 다가가 엄마 품에 안겨 훌쩍거렸던 기억이 난다. 너무 어린 나이에 엄마 품을 떠나 살다보니 엄마란 존재가 조금은 어색하고 쑥스러워 쉽게 달려가지 못했나 싶다.

장마철이면 천둥번개가 무서워 할머니 손을 꼭 잡아야 잠이 들었던 생각이며, 비가 그친 날이면 마당 한 켠에 서있는 참나무 등걸위에 집개벌레가 느린 걸음으로 슬금슬금 기어올라가는 모습을 물끄러미 쳐다보았던 기억들이 새롭다.

그런가 하면 농번기철엔 벼를 심고 씨 뿌리느라 온 마을 사람들이 줄을 이어 논밭을 갈고 김매기를 하던 추억이며, 농부들의 샛밥을 머리에 이고 가시던 할머니를 따라 막걸리 주전자를 들고 논두렁을 걷던 일이며, 할머니가 밭에서 따오신 수박이며 참외들을 흐르는 샘물에 둥둥 띄웠다 땀 흐른 몸에 목을 추기던 그 시원함이란 감히 무엇에 비유할 수 있을까.

시골의 그렇게 분주한 날에도 아랑곳없었던 어린이들은 그네뛰기며 잠자리와 매미를 잡으려고 들을 헤매이던 일들이며, 졸졸 흐르는 냇물에 뛰어들어 물고기를 잡던 일들이 주마등으로 비추어 온다. 그뿐이랴, 가을철이면 밭고랑에 주렁주렁 매달려 올라오는 고구마들의 행렬이며, 가을걷이 추수에 행복담긴 농부들의 땀방울은 그 얼마나 위대한 업적이며 성취의 기쁨이었을까!

고향이며 시골이란 존재, 어쩜 우리 한국 사람들에게 그리움이고 쓸쓸함이며 낭만이고 추억인 인생의 보람들이 아닐까. 칠순에 접어든 나이에도 고향과 어머니란 이름에는 한결같은 그리움만 샘물처럼 솟아오른다.

동행

산들바람에 봄 향기가 물씬 풍기는 어느 날이었다.

상쾌한 기분에 모처럼 사랑하는 남편과 함께 나들이 계획을 세워 외출을 하였다. 전철역 가까이 오다 갑자기 핸드폰을 집에 두고 왔다는 생각에 아차하며 잠깐만 기다리라며 집으로 달려갔다. 남편은 무슨 일인지도 모르고 어이가 없다는 듯 먼 산만 쳐다보며 기다리고 있었다. 쏜살같이 달려가 대문을 열고 들어가 핸드폰을 가지고 나왔다.

성격이 급하고 무서운 남편의 성화가 겁이 나서 허겁지겁 달리듯 뛰어가니 무슨 일인데 그렇게 달려갔느냐며 묻는다. 특별히 할 말이 없어 웃음으로 때우며 "응, 핸드폰을 집에 놓고 와서 가져오느라고요." 하니 "그럼 얘기나 하고 가지! 그렇게 달려가다 넘어지면 어떻게 하려고 그랬어!" 한다.

모처럼 만에 듣던 인자하고 가벼운 말에 그만 눈물이 날 정도로 고맙고 미안한 마음에 행복감이 젖어들었다. 그래, 이게 사랑하는 부부야 하며 혼자 말로 속삭이며 예쁜 미소를 날려 보냈다. "참, 당신도 이제는 늙었나 보내." 하는 남편의 말에 또 다른 깊은 정이 느껴진다.

젊은 시절 같았으면 어색한 표정을 지으며 팔 장을 끼고 예쁜 애교도 부려 보련만 이제는 그런 용기도 없어 그냥 빈 웃음만 짓고 말았다.

이러한 대화 속에서 우리가 가고자했던 목적지에 도착하여 볼 일들을 다 보고 집으로 돌아가는 길이었다. 오는 길에 오랜만에 구경 차 남대문 시장을 들렸다. 왠지 모르게 옛날과 같이 북적대던 그 모습이 아니었다. 한가한 모습은 좋았으나 지나치리만큼 조용한 분위기가 왠지 모르게 낯 설기만 하였다.

옛날엔 젊은 총각들이 손뼉을 치며 발을 둥둥둥 구르며 물건을 손에 들고 "싸요 싸, 싸구려 싸요, 안사면 손해, 안사면 손해, 이천 원, 이천 원." 소리치던 그 모습들이 눈에 선하여 재미도 있었건만~~

젊은 시절엔 큰댁 형님과 남대문 시장을 많이도 다녔었다. 남대문 시장은 우리나라는 물론 동양에서도 제일간다는 시장으로서 없는 물건이 없을 정도로 다양하고 값싼 물건들이 많은 곳이다. 과거를 회상해 보면 도깨비 시장을 자주 다녔던 기억들이 새롭다.

주로 외제물건이 즐비한 모습이며 새롭고 아기자기한 그릇이나 옷가지, 소시지며 초콜릿, 커피, 과자 등을 바리바리 싸들고 왔던 추억들이 새롭게 다가온다. 뿐만 아니라 외제(外製) 상품이란 호기심에 눈요기도 좋았건만 욕심난 물건은 값이 너무도 비싸 구입할 엄두도 못 냈던 시절이었다.

그때 너무도 욕심난 장식장을 보고서는 뒤돌아 설수가 없어 사건을 저질렀던 때도 있었다. 난생처음 그 비싼 물건에 호들갑을 치르던 그 시절 남편에게는 가격보다 월등히 싼

반값으로 구입했다며 거짓말을 했던 기억도 새롭다. 지금도 그 장식장 앞에서면 새록새록 다가오는 신혼초의 즐거움을 만끽해 보는 즐거움도 있다.

이 곳 저 곳을 구경하다 보면 시장 끼가 들어 호떡을 사 먹던 기억이며, 시장 골목의 양은냄비에 끓여 나온 갈치조림의 맛은 지금도 잊을 수가 없다. 이윽고 남편과 이 곳 저 곳을 구경하고 있는데 갑자기 밀려나온 관중들이 호들갑이다.

이게 무슨 일인가 싶어 주위를 돌아보니 일본인과 중국인들의 관광객이 밀려들며 국산 화장품을 사느라 정신 줄을 놓고들 있었다. 그 뿐이랴, 국산 옷가지와 모자, 액세서리 등을 사느라 왁자지껄하는 모습들을 보니 옛 생각은 물론 이제 우리나라의 위상을 보는 것 같아 상쾌한 기분이다.

모처럼 만의 남편과의 데이트는 즐거웠으나 내가 찾고자 하는 물건은 살 수가 없어 집을 향해 돌아오는 길이었다. 이윽고 지하철 계단을 내려가는 순간 객차가 도착하였는지 사람들이 쏟아져 올라오는 것이다. 오가는 방향이 서로 부딪혀 나는 미처 내려가지 못하였는데 객차의 문이 닫히고 말았다.

이게 웬일이인가. 남편 혼자만 객차에 몸을 실었는데 그만 객차는 출발하고 말았다. 뜻하지 않는 이산가족이 되어 차창 밖에서 손을 흔들며 잠시나마 이별을 고할 수밖에 없었다. 핸드폰을 끄집어내어 기다리지 말고 먼저 들어가시라고 문자를 쳤다.

그리고 뒤따라 온 열차를 타고 매헌역에 내렸다. 당연히 집에 먼저 갔으리라고 생각했던 남편은 의외로 나를 기다리고 있었다. 너무도 고맙고 황송하다는 생각에 놀라지 않을 수 없었다.

평생 함께한 남편의 지극한 사랑도 모른 채 살아왔다는 어리석은 자괴감이 느껴져 몸 둘 바를 몰랐다. 왜 이런 야릇하고 짜릿한 사랑의 감정을 잊고 살았을까. 뒤늦게나마 반성 아닌 반성으로 나 자신을 돌아 볼 수 있는 좋은 기회였다. 그래, 오늘 저녁은 맛있는 특식을 준비해야지!

그리고 단 둘이서 맛있는 저녁을 먹고 야릇한 불빛에 앉아 따끈한 차 한 잔 앞에 놓고 오순도순 사랑의 꽃을 피워야지! 그리고, 그리고 은은한 꽃 향속에 미녀와 야수가 되어 꽃 춤을 추어야지~~~.

어느 날의 단상

눈을 뜨니 새벽 5시다.

평소엔 자다가도 가끔씩 깨었다 자는 버릇이 있었는데 오늘은 만족 하리 만큼 충분한 수면을 취한 듯 상쾌한 기분이다. 오늘은 복지관의 문학수업이 있는 날이기도 하다. 수업에 늦지 않으려고 어젯밤에 형님과의 약속대로 모닝콜을 하였으나 전화를 받지 않아 걱정하고 있는데 전화벨이 울린다.

'여보세요.' 하는 순간, 형님께서 '나 일어났어.' 하시며 명랑한 목소리가 옥구슬처럼 들려온다. '잘 주무셨어요? 그럼 조금 이따 뵐게요.'

전화를 끊고 방문을 여는 순간 창밖엔 보슬비가 보슬보슬 내리고 있었다. 비를 보는 순간 마치 소녀시절의 낭만을 연상하는 양 괜히 들뜬 마음이 앞서기 시작한다.

코로나로 인하여 수업도 몇 주째 쉬다보니 동료들의 얼굴이 그립고 보고 싶은 마음에서 일 것이다. 서둘러 준비를 마치고 대문을 나섰다. 우산을 받쳐 든 내 모습이 오늘따라 무척도 행복해 보였다. 바쁜 걸음을 재촉하여 지하철을 탑승하고 서있는데 유리창에 비친 내 모습에 무언가 빠진 듯 한 느낌이 든다.

앗 차! 서둘다 보니 안경을 안 쓰고 나온 것이었다.

이걸 어쩌나!

그냥 가자니 수업에 지장이 있을 거고 되돌아가 안경을 가지고 오자니 언니가 먼저 양재역에서 기다릴 것이고~~ 멈칫한 순간 언니로부터 전화가 왔다. 뜻밖에도 마을버스가 늦어 아직 지하철도 못 탔다는 것이다.

아마도 결석할까 보다는 말씀이셨다.

'아니, 안 돼요. 천천히 오세요.'

'저도 안경을 빠뜨려 다시 집에 다녀와야 해요.'하며 지하철을 내려서 반대 방향을 향해 뛰고 있었다. 집을 향해 지하철을 기다리는 순간 남편에게 전화를 걸어 내 방에 안경을 가져다 달라고 부탁을 하였다.

매헌역에 내리니 벌써 남편은 안경을 들고 서 계셨다. 비 오는 날의 지하철 역사에서의 랑데부 어느 영화 속의 한 장면처럼 가슴 뛰는 흥분 속에서 찐한 뽀뽀라도 즐기고 싶은 순간이었다.

'여보! 고마워요. 나 다녀올게요.'

왜마디 말을 남기고 허겁지겁 되돌아 양재역에 내리니 언니도 도착해 있었다. 서로가 반가워 부둥켜안고서 비오는 날의 아침부터 벌어졌던 이야기들을 나누며 복지관에 도착하였다. 이미 수업시간도 5분이나 지났다.

창피하고 미안한 마음에 도둑고양이처럼 살며시 교실 문을 여는 순간 동료들은 모두가 한결같이 뒤돌아보며 우리를 반기고 있지 않는가. 교수님께서는 수업도 시작치 않고 우리를 기다려 주신 것 같아 미안하기 그지없었다.

삶이란 이런 것이다.

정이고 사랑이고 하는 모든 것이 오고가는 마음의 향기일 것이다. 서로가 서로를 향해 주고받는 믿음과 배려의 정신, 내가 먼저가 아니고 네가 먼저인 희생과 봉사의 삶이 얼마나 아름다운 것인지 우리 문학반에서만이 느낄 수 있는 것이어서 더욱 더 값진 삶이 아닐까한다.

이윽고 수업이 시작되었다. 오늘은 지금껏 배웠던 이론과 글을 쓰는 요령 중심 교육을 벗어나 지난주에 내주었던 숙제를 가지고 공부하는 시간이었다.

각자가 써왔던 시와 수필들을 발표해 가면서...

묵직한 사랑

다툼이 무언지 모르고 살아온 세월, 어쩌다 티격태격 일 때마다 승리는 언제나 내 편이었다. 그러던 어느 날 뜻하지 않은 일이 생겼다. 믿고 믿었던 유일한 내 사랑이 갑자기 수술을 해야 한단다. 막내로 자란 애기 같은 사람, 오늘 따라 늠름하고 어른 같은 표정으로 괜찮아 잘 될 거야라며 장난기 어린 표정으로 나를 위로한다.

2년 전 전립선암 수술 때 침상에 누운 채 괴로운 표정을 지으면서도 나를 위해 괜찮다던 그 모습이 주마등처럼 떠오른다. 이미 6개월 전에 병원에서 X-RAY, 초음파 등의 정밀검사를 받았을 때 주치의사의 말씀이 아직은 수술까지는 안 해도 될 것 같다는 결과를 받은 터라 안심하고 일상생활을 해왔었다.

그러던 어느 날 부터 요즈음 몸이 좀 피곤하다며 병원에 가봐야 할 것 같다기에 하루라도 빨리 다녀오라고 했었다. 그러나 주치의의 진료예약시간이 잘 맞지 않아 겨우 1주일 후로 예약을 잡았다. 그리고 그 날이 왔다. 서둘러 예약시간보다 일찍이 병원에 도착하여 접수를 하고 선생님의 진료 절차에 따라 초음파, 채혈, 채뇨 등 다양한 검사를 거친 후 입원 수속을 밟아 입원하였다. 수술은 당일 날 오후 1~2시 사이에 한다고 한다.

그러나 요즈음 코로나 사태로 보호자는 병실 출입이 제한되어 병원 밖으로 나올 수밖에 없었다. 환자를 혼자 두고 밖에서 기다린다는 그 초조함과 괴로움은 마치 아들들이 대학시험 때 추운 겨울바람을 맞으며 교문 밖에서 추위에 덜덜 떨며 기다렸던 그 무거운 심정과 다를 바가 없었다.

그러나 수술이 끝날 때까지는 너무도 많은 시간 여유가 있어서 절에 들려 무사히 수술을 마칠 수 있도록 정성을 다하여 기도 하려고 마음을 먹고 가는 길이였다.

그러나 오늘이 문학수업이 있는 터라 교수님께 인사라도 드릴 겸 절에 가는 길목에 있는 복지관에 잠간 들리기로 하였다. 마음은 바빴으나 내 발걸음은 뜀박질이 아닌 터벅 걸음이었다. 이윽고 복지관에 도착하여 교실 유리문 안을 살며시 들여다보았다. 오늘따라 짝꿍 언니께서도 몸이 불편하시어 결석을 하신 터라 언니 자리는 물론 내 자리도 휑하니 비워있었다. 문을 살며시 열고 들어가 맨 뒷자리에 앉았다.

그런데 앉아마자 교수님의 낭랑한 목소리, 오늘은 이만 수업을 마치겠다는 말씀이었다. 아니, 다른 날 같으면 아직 10분 이상의 여유 시간이 남았다고 생각했는데 벌써 오늘 수업이 끝 이네, 혼자말로 중얼거리는 순간, 저를 보신 교수님의 말씀 '다 끝났는데 지금 왔어요.' 하신다.

'네, 반장한테 연락드렸더니 늦더라도 꼭 오라고 해서요.'

교수님께서는 '그래 잘 왔어요.' 하시며 오늘 공부했던 부분과 작품쓰기에 대한 숙제할 부분을 자세한 가르쳐 주셨다.

교수님의 자상하고 인자하신 말씀에 너무도 부끄럽고 죄송스러웠으나 달리 어떻게 표현 할 방법이 없어 어색한 웃음만 짓고 있었다.

그리하여 수업이 끝나자마자 급히 다니는 능인선원에 도착하였다. 두 손 모아 합장하고 법당 안으로 막 들어서는데 병원으로부터 전화가 걸려왔다. 이제 수술실로 들어간다며 수술은 대략 1시간 정도 예상 된다고 한다. 끝나는 대로 연락을 주겠다고 하며 전화를 끊었다.

그리하여 대웅전에 들어가 두 손을 조아리며 정성껏 무사안일을 빌며 기도를 하였다. 예전 같으면 평상시에 해왔던 기도문만 하였을 터인데 오늘 따라 나의 기도는 엄숙함과 간절함이 녹아내리고 있었다. 참으로 인간의 마음이란 이렇게 간사한 것인가 하는 생각에 깊은 반성으로 자신을 성찰할 수 있는 시간을 잠시나마 가졌다.

때마침 기도를 끝내고 일어나려는 순간 병원으로부터 전화가 걸려온다. 수술은 잘 끝났다며 회복실에서 2시간 남짓 회복을 하고 퇴원하여 집에서 안정을 취하면 된다고 한다. 그리고 얼마 후 남편으로부터 전화가 걸려와 오후 5시 조금 넘어서 퇴원이니 시간을 맞춰 오라는 것이었다.

그리하여 집으로 돌아온 나는 집안 청소와 저녁 식사 준비를 끝내고 5시경 병원을 향해 출발하였다. 다행히도 남편은 무통주사를 팔에 꽂은 채 1층 로비에 나와 있었다. 잠간이나마 핼쑥해진 창백한 얼굴로 나를 반기는 그 모습이 너무도 안타깝고 사랑스러웠다.

부부란 이런 것인가, 평소엔 고맙고 감사하다는 느낌도 표현도 없이 무덤덤하게 살았으나 크고 작은 고통과 위로가 주는 삶이란 서로가 믿고 의지하는 사랑뿐이란 걸 뒤늦게나마 깨우칠 수 있다는 것에 감사를 보낸다. 평소엔 아들 같은 애물단지 하나 더 키운다고 생각했던 나의 어리석음에 깊은 반성과 뉘우침을 느끼며 생의 마지막 순간까지 깊은 정과 사랑으로 함께하리라 다짐해 본다.

여보! 사랑해!

아버지

참으로 오랜 옛날이다.

까까머리 오빠와 댕기머리 두 소녀가 철부지적 그리움이다. 서녘 해가 기울어 별 헤는 밤이 되면 아버지는 퇴근길에 '얘들아!' 하고 우릴 부르시며 들어오시던 그 모습이 생각난다. 그럴 적마다 어머니는 아버지가 약주 한 잔 하셨나 보다 하신다.

'아빠.' 하고 달려간 우리를 보실 쩍 마다 끌어안고 뽀뽀를 진하게 해 주시며 지갑에서 지폐를 몽땅 꺼내어 주시며 '오늘은 뭐하고 놀았나.' 하시던 그 인자한 모습이 새록새록 그리워진다. 그뿐이랴, 이튼 날 아침이면 '얘들아, 아빠 지갑에 돈이 하나도 없네.' 하시며 겸언 쩍은 표정을 지으시며 미소 짓던 그 모습이 오늘 따라 가슴에 쨍한 느낌은 웬일일까!

아버지는 평소에는 술을 별로 안하신 편인데도 가끔씩 술에 취해 들어오실 땐 언제나 기분이 좋은 신 것 같았다. 그러나 평소에는 워낙 과묵하신 성품이라 별다른 말씀도 자주 없으셨으나 어머니는 지극 정성으로 아버지를 보필하셨다.

그러나 지금은 90세가 넘으신 탓인지 좋아하시던 기호 식품도 옛 맛이 아닌 듯싶은데도 무조건 맛있다는 말씀뿐이다. 어머님과의 이별의 시간이 길어서 인지 외로움을 달래기 위해서인지 국내의 명산을 오르시며 노년을 즐기셨다.

그러나 요즘엔 건강도 많이 쇠약해지셔서 몹시 가슴 아픈 나날을 보내고 계셔서 마음이 먹먹함을 느끼고 있다. 올 봄엔 코로나로 인하여 외출도 자주 못 하고 여름이 지나 벌써 가을을 맞았다. 이 아름답게 물들어가는 단풍의 계절에 아버님을 모시고 여행을 떠나야겠다는 생각에 가슴이 부풀어 오른다.

그저 건강하시기만을 기도하며 이 아름다운 계절을 앞으로 몇 번이나 함께 할 수 있을지 모르는 이 시간이 너무도 소중하게만 느껴진다.

아버지 건강하세요.

아버지 사랑합니다.

고향

친정어머니 기일을 맞이하여 산소엘 들려 어머님을 찾아 뵙고, 고향 마을을 찾았다. 오랫동안 찾아보지 못해 변해버린 주변들이 낯설기만 하다. 예전의 논과 밭엔 우람한 건물들이 줄지어 들어서 그 옛날 산천경계의 아름다운 풍경은 어디에도 찾아 볼 수가 없다.

뒷동산에 올라 놀던 그 자리엔 동토에 얼고 서 있는 앙상한 나무 가지들만 차가운 바람을 맞으며 떨고 있다. 마당 끝 고목이 된 감나무에 매달린 잎 새 하나가 이제 왔느냐고 묻는 듯하여 가슴이 찡한다. 어린 시절 친구들과 그 나무에 이마를 맞대고 '무궁화 꽃이 피였습니다.'를 외치며 뜀박질 하던 때가 엊그제 같은데 이제는 그 어디에도 그 그림자는 찾을 길이 없다. 텅 빈 가슴 한 켠에 추억만 부여잡고 그리움만 남긴 채 발길을 돌려야만 했다.

허전한 고향 마을의 하늘엔 오늘따라 유난히도 푸르른 빛에 하얀 구름만 두둥실 떠 유유자적하는 모습이다. 이제 돌아가면 언제 또 다시 이곳을 찾아 올 날이 있을까~ 돌아서는 발걸음이 왠지 서글퍼 무겁기만 하다. 까마득한 그 옛날 학창시절 '할머니~ 방학 하면 또 올게요.' 하던 그때의 할머니 얼굴이 주마등처럼 눈앞을 스치고 지나간다.

늘 밝은 미소로 웃으시며 나를 반겨주신 그 모습이 참으로 아름다우셨는데 가슴 뭉클한 그리움을 억누르고 차에 올랐다. 오는 길에 오빠께서 서울로 전학 오기 전 국민학교를 들러볼까 하다 그냥 방향을 돌려 집으로 향했다. 차 창밖 풍경은 겨울바람에 쓸쓸함만이 더 해가고 있다.

산 중턱에 삐죽이 들어 서 있는 아파트들이 고향의 포근함을 앗아가 버린듯해 아릿한 마음이다. 집으로 돌아오는 길에 우리는 아우네 장터 쪽 그 유명한 백암순댓집에 들러 점심을 먹고 서울로 향했다. 너무도 많이 변해 버린 시골길을 더듬으며 우린 내비게이션에 의지한 채 천안 휴게소에서 얘들이 즐겨 먹는 천안의 명물인 호두과자를 사서 차에 실었다.

옛 맛이 그리워 한입 깨물었다. 허나 씹는 순간 그 맛도 옛 맛이 아닌 듯하여 씁쓸한 마음이 든다. 오늘의 고향 방문은 참으로 뜻깊은 날이기도 하지만 왠지 모른 고향 마을의 허전함이 가슴을 아리게 한다.

코로나로도 그렇고 신정 첫 날이라 교통은 그리 막히지 않아 무사히 집에 도착 하였다. 대지가 기지개를 펴는 계절이 오면 향 짙은 예쁜 꽃다발 손에 들고 또 엄마 얼굴 뵈러 갈 거라며 다짐해 본다.

아버지와의 한강 나들이

화사한 햇살이 내리쬐는 봄길 따라 온갖 꽃들이 너울너울 춤을 추는 오후의 한나절이다. 모처럼의 추억을 쌓고자 동생과 함께 아버지를 모시고 집에서 가까운 한강 고수부지를 찾았다. 연로하신 건강 탓에 걸음이 자유스럽지 못하여 휠체어에 의지한 채 조심스럽게 강변에 이르렀다.

강변의 바람은 살랑살랑 옷깃을 여미게 하며 봄 내음이 코끝을 간지럽힌다. 그 뿐이랴, 개나리며 벚꽃이 만발하고 뒤이어 피어나는 노오란 병아리 같은 유채꽃은 지천에 널려 함박웃음을 자아내게 한다.

이렇게 강가에 이르자 아버지께서는 '이게 얼마만이야 하시면서 한참 오랜만에 나와 보네 하신다.' 평소에 다니시던 한강 공원이 참으로 반가우셨던 모양이시다. 모처럼만에 햇볕에 나온 아버지의 밝은 웃음은 마치 천사와도 같다. 어쩜 저리도 해맑은 미소일까. 마치 꿈만 같다.

그렇다 참으로 오랜만에 아버지와 함께한 나들이 이다. 아버지의 몸이 혼자서는 움직이시기가 자유스럽지 못하다는 이유만으로 평소에는 승용차로만 드라이브를 한다거나 고작 맛 집을 찾아 식사 대접을 하는 것으로 기쁘게 해드린 것으로 만 알았다. 그런데 이게 웬일인가.

저리도 기뻐하신 아버지의 환한 미소가 가슴을 한없이 저

미게 한다. 나름대로는 정성을 다하여 효도를 다짐 하였으나 나 자신의 무력함과 허약한 지혜에 가슴이 미어지는 아픔을 느낀다.

봄바람의 여운을 타고 하이얀 조팝나무가 향기를 피우고 노오란 유채꽃이며 튤립 꽃들이 만발한 꽃길을 따라 걷다가 한 송이의 꽃을 따다가 아버지 손에 드렸더니 '참으로 곱고 이쁘다' 하시며 두 손으로 꼭 잡고 계신다. 천진난만한 어린 아이처럼 참으로 귀엽고 예쁘기 그지없는 모습이다.

강바람에 출렁이는 물결을 따라 아버지가 탄 휠체어를 끌며 정감을 나누던 그 시간이야말로 우리 자매에게는 영원히 잊지 못할 추억의 파노라마였다.

이제 아버지와 함께 할 계절이 몇 번이나 될런지... 인생무상의 도를 다 할 때까지 효의 근본을 잊지 않으련다.

부모 마음이란

기나긴 여정 속에 외로움도 쓸쓸함도 다 잊으시고 자식위한 삶으로 버텨 오신 시간들 세월이 유수되어 몸도 마음도 쇠약해지신 구순이 넘은 아버지.

매 주말이면 동생과 함께 찾던 우리들의 꿈의 동산이었건만 오늘따라 집안 분위기가 스산해 보인다. 나 보다 먼저 온 동생이 집안 정리도 다 끝내 놓고 아버지의 손발도 씻겨 드리고 손톱과 발톱도 다듬어 드리고 얼마 전부터 생겼던 발톱 무좀의 약도 발라드리고 있었다.

동생의 수고스러움도 아랑곳하지 못하고 뒤늦게 도착한 자신이 부끄럽고 미안하여 숨죽이는 소리로 “아버지 저 왔어요.” 하며 현관을 들어섰다. “응, 이제 오냐.” 하시며 “네 동생이 먼저 와서 집안 청소 다하고 힘들게 고생했단다.” 하신다.

내 동생 수고 많았네 하며 언니가 늦어서 미안해하는 외마디 말을 넌지시 남기고 세면실로 들어갔다. 손을 씻고 나와 가져왔던 반찬들을 주섬주섬 챙겨 냉장고에 넣고서는 방금 사온 전기구이 통닭이 식을세라 잘게 찢어서 아버지께 드리며 따뜻했을 때 어서 드세요 했다. 예전에는 비교적 잘 잡수셨는데 오늘은 몇 점 드시고는 다음에 먹을 난다 하시며 젓가락을 내려놓으신다.

요즈음에는 예전과는 사뭇 다른 모습이어서 여간 걱정이 앞서기 시작하며 마음이 아파온다. 날씨가 따뜻하면 한강 고수부지라도 모시고 나가련만 아직은 추위가 허락지 않아 집안에서만 이런저런 이야기를 나누고 놀았다.

어느덧 시간은 흐르고 흘러 저녁 시간이 되어서 아버지와 함께 식사를 마치고 불편함이 없도록 모든 것들을 챙겨 드리고 동생과 함께 집을 나섰다. 오늘따라 발걸음이 가볍지 않았다. 주차장으로 가는 길에 동생이 "언니, 아까 언니가 조금 늦었지 않아, 그런데 아버지께서 형은 안 온다니?" 하시며 물으시던데 한다.

그래서 언니 곧 도착한데요 하니까 그래 하시며 안도감을 갖는 것 같았어 한다. 언니가 안 보이면 무언가 불안하고 서운하신 것처럼 보였어 한다. 부모 마음이란 다 그런가 보다. 동생이 더 잘 해드려도 언니나 오빠를 찾는 이유가 무엇인지 어렴프시 알 것만 같았다.

더 가까이서 더 열심히 성심껏 모시고 싶지만 내 나름대로의 삶의 여건이 여유스럽지 못함에 항상 죄송스럽기만 하다. 이게 부모의 마음이고 자식의 마음이란 걸. 자학과 자책에 마음만 무거울 따름이다.

순수 서정의 심미적 감성의 성찰
— 이한희 시세계

정 찬 우 (시인, 문학평론가)

사람들에게는 우연과 인연을 거쳐 필연과 운명이란 등식이 존재하는 것 같다. 20여년이 넘도록 문화센터와 복지관 등에서 문학 강의를 하고 있을 때다. 매 시간마다 다소곳한 자세로 초롱초롱한 눈망울로 열심히 강의를 듣던 자가 있었다. 다른 사람들에 비해 말수가 적고 조용한 성품이 비교적 내성적인 듯 보였다.

그럼에도 맡은바 소임은 물론 글 솜씨가 남다르다는 생각이 들었다. 아마도 소녀시절엔 문학을 즐겼던 것 같다는 생각이 들었다. 이렇게 만난이가 바로 이한희 시인이다. 4년 남짓한 세월동안 갈고 닦은 솜씨로 수필이며 시를 써와 부끄러움을 감추지 못하던 그녀가 자랑스럽게도 시집을 내겠다며 작품을 들고 찾아왔다.

한 편 한 편의 주옥같은 시어들이며 시적감성이 이미 중견시인의 경지를 넘어섰다는 생각이 들었다. 인간에겐 누구나 열과 성을 다한 노력의 대가는 반드시 일룰 수 있다는 것을 보여주는 단면이기도 하여 참으로 고맙고 감사한 일이다.

이한희 시인의 작품의 구성면을 살펴보면 사랑을 주제로 하는 연시와 계절을 주제로 하는 절기 시와 삶의 애환을 그린 시며 일상의 주변에서 이루어지는 갖가지 사연들로 정리할 수 있겠다.

우리 인간에게 사랑이란 주제를 빼면 뭐가 남을까 생각해 본다. 아마도 사랑이 없는 세상은 살벌함이 넘쳐 삶의 의미마저 존재하지 않을 것이다. 그리하여 인간에게 사랑이란 어휘는 영원불멸의 언어인 것이다. 사랑이란 언제 들어도 가슴 설레게 하며 꿈과 행복을 가져다주는 따뜻한 언어다. 따라서 인간이 가장 인간적일 때가 사랑을 주고 나누는 순간이며 이는 곧 순수함의 결정체가 꽃피는 시절일 것이다. 그만큼 사랑은 고귀하고 성스럽고 우아한 것이다.

그래서 사랑을 고백할 수 있고 받아들일 수 있는 사람은 진정 행복한 사람이다. 그러나 오늘날 같이 메마른 감성을 가진 사람들에게는 마음이 열리지 않아 사랑의 감정이 없는 시대를 살아가고 있음이 참으로 안타깝다.

사랑의 종류에는 신과 인간과의 사랑인 아가페 사랑과 인간과 인간 사이에서 이루어지는 에로스 사랑이 있다. 이 아가페 사랑에는 조건이 없고 아낌없이 주는 맹목적인 사랑이다. 그러나 에로스 사랑은 인간 상호간에 주고받는 사랑이라 맹목적인 사랑에 한계가 있기 마련이다. 인간은 신처럼 모든 것이 완벽할 수 없기 때문에 긍정과 부정이 존재하며 욕심과 실망, 순수와 허영 등으로 인한 실망이 존재하여 그 균형점을 잃을 수가 있기에 조건 반사적인 사랑일 수밖에 없다. 특히 이성간의 사랑이 그렇고 친구간의 사랑이 그렇고 사회 구성원들 간의 사랑이 그럴 수밖에 없다.

그리하여 심리학자 로버트 스턴버그는 친밀감, 열정, 헌신이 사랑의 본질이라고 했다. 그러나 이것 역시 인간 상호간의 이해심과 깨달음에 대한 노력의 대가만큼만 허용된다는 사실을 알아야 한다.

따라서 서로의 다른 점을 먼저 이해하고 인정해야하며 충분한 대화를 통하여 중도를 걷기 위한 노력의 결정체란 걸 알아야 한다. 그래서 사랑은 참으로 신비롭고 오묘함의 진리란 말을 이해 할 줄 알아야 한다.

그러나 이한희 시인의 사랑은 누구에나 진실을 다한 무조건 적인 사랑의 대명사라 할 수 있다. 그러기에 자신의 내면의 세계가 맑고 깨끗한 순수성만이 존재하여 너무도 포근하고 다정한 인간미를 나타내고 있다. 그러한 측면에서 이한희 시인의 연시들을 살펴보고자 한다.

수평선을 등지고
숨 가쁘게 달려드는
저 갈매기들의 군무(群舞)

하얗게 부서지는 파도는
외로움을 잉태한 포말 되어

밀려왔다 밀려가는 바람으로
가슴을 젖게 한다

소복이 눈 덮인 모래톱의
하얀 발자국들
그 님과 걷던 그 곳인데

붉은 노을빛에 물들어간
아름다운 연인의 발걸음은
한 쌍의 원앙 되어
둥지 찾아 유유자적 해변을 걷고 있다

— 〈겨울바다의 초상〉 전문

겨울바다는 언제나 쓸쓸하며 적적한 곳이다. 그러면서도 겨울 바다를 즐겨 찾는 것은 지난날의 과거를 회상하고자하는 낭만이 있어서이다. 밀려왔다 밀려가는 푸르른 파도를 보면서 우리들의 인생길인 삶과 죽음, 사랑을 위한 낭만과 애환의 숱한 추억을 떠올리기 위해서 일 것이다. 좌절과 죽음의 극한 상항에서도 파도의 쓸쓸함과 힘찬 역동적인 모습에서 용기와 의지의 힘을 얻어 새로운 도전을 꿈꾸어 왔던 때도 있기 때문이다.

이 작품 역시 자신의 삶에서 체험한 청춘의 낭만에 대한 애틋한 사랑의 추억을 음미하며 삶의 행복을 향한 애착과 쓸쓸함을 유추하고 있는 모습을 음미할 수 있다.

그대여
어찌해야 하오리까
불타는 이 가슴을

혼미한 영혼의 울림 앞에
아직도 흐느끼며
수줍음과 외로움을 떨쳐낼 수 없음을

반짝이는 별을 인형처럼 끌어안고
흘린 눈물의 세례가
이처럼 아려오는데

다가 갈 수도 물러 설 수도 없는
이 가슴의 전율을
석양에 지는 노을빛이
어찌 이 보다 더 하리오

— 〈그대여(1)〉 전문

사랑은 참으로 신비롭고 오묘한 존재인가 보다. 세상엔 헤일 수 없이 많은 사람들이 생존해가고 있다. 그 많은 사람들 중 자신의 마음을 송두리째 빼앗아 갈 수 있는 사람을 만나 사랑과 믿음과 존경의 대상이 되어 자신의 영혼까지도 투자할 수 있다는 것은 어찌 보면 인위적으로는 불가능한 일이 아닐까도 생각해 본다.

2연의 혼미한 영혼의 울림 앞에/ 아직도 흐느끼며/ 수줍음과 외로움을 떨쳐낼 수 없음을//이라는 표현이 그 만큼 사랑의 힘은 그 어떤 것보다 위대하며 존경스러운 존재가 아닌가 한다. 이러한 사랑의 대상이 될 수 있다는 것만도 참된 인간이요 훌륭한 인품을 가진 존경의 대상이다.

더구나 3연의 반짝이는 별을 인형처럼 끌어안고/ 흘린 눈물의 세례가/ 이처럼 아려오는데//라고 하는 표현은 진정 사랑하는 한 연인임이 분명해 보인다.

그러나 이 작품을 오랫동안 음미해 보면서 작가 자신이 누군가의 한 인간을 향한 사랑의 경지라기보다는 유일무이한 신을 향한 믿음과 영혼의 존재요 그의 정신적 철학과 사상을 따르고자 하는 욕구를 사랑이라는 표현으로 은유화한 것이 아닌가 생각해 본다. 참으로 의미 깊고 정겨운 참 모습을 느끼게 하는 작품이라는 생각이 든다.

서산 넘어 지는 해는
달이 그리움이며

여명과 함께 기울어지는 달은
햇님이 그리워서가 아닐까

출렁이는 갯바람 또한
인생과 같을 진데

파도의 높낮이가
어찌 인생보다 더하다 하리오

눈뜨고 감는 것 역시
한 많은 수레바퀴 인생인 것을

— 〈삶의 여정〉 전문

인간이란 태초로부터 원죄를 짓고 태어났다. 따라서 인간의 삶이란 평탄치 못한 굴곡진 삶이였다. 밝음과 어두움, 정의와 불의, 진실과 허위, 높고 낮음의 상관성 속에서 기쁨과 슬픔을 자연스럽게 공유하며 살아가는 것이다. 이 작품에서 해와 달의 상관관계에서도 서로가 그리움과 애절함을 인간들의 정신세계로 끌어 들이는 발상적 의인법이 참으로 아름답다.

그런가하면 〈설강화〉에는 암흑의 터널을 헤집고/ 뾰족이 고개 내민/ 하얀 설강화// 님 찾아 그 먼 길 찾아왔건만/ 다소곳한 수줍음에/ 고개 떨구고/ 님 바라기 하시나요// 는 동토의 추위를 견디며 그 예쁜 모습으로 꽃을 피웠으나 자신을 그리워 해주고 반겨줄 사람이 없어 님 바라기를 하고 있다는 의인화 법이 〈삶의 여정〉과 상호 대칭을 이루면서도 전혀 어색하지 않는 은유적인 필체가 대견스럽기 그지없다.
이러한 환경 속에서도 옳고 그름의 선을 긋고 정의로움과 참된 삶을 살아가고자하는 인간들의 진면모를 참으로 아름답게 통찰하는 관조를 갖고 있다는 점에서 감탄스럽다.

그런가하면 〈님 그리는 마음〉과 〈님 가시는 길〉에서도 사랑과 그리움으로 맺어진 천륜이란 인연을 잃고서 가슴 태우며 안타까워하는 그리움의 절규가 가슴 아프다. 천륜으로 맺어진 곱디고운/ 님이시여/ 꽃피는 세월 따라/ 꿈보다 아름답던 그 많은 추억들/ 바람 따라 날아가는/ 별빛 사랑아// 그대가 남긴 애틋한 사랑/ 아직도 이 가슴엔/ 불꽃으로 이글거리는데// 빗금으로 씻기워져가는/ 희미해진 당신의 흔적들/ 애닯다 눈물지며 불러봅니다// 라고 하는 그리움의 절규가 우리 인간들의 참사랑과 참진리의 표상을 일깨워주고 있다는 점에서 이한희 시인의 아름다운 심성을 성찰 할 수 있다.

기나긴 여정(旅情)의
해 걸음으로 돌아온
연두 빛 님이시여

꿈엔들 잊을까
이슬 맺힌 사슴의 눈망울로
가슴앓이 하였건만

빛으로 다가와
설레임만 안겨주던
그 모습 그 향기 예나 같건만
잊을 수도 돌아설 수도 없는 안타까움
어이해야 하나요

굴레 같은 삶 돌고 돌아

새 세상 맞으려 치면
아련한 그 꿈 가슴에 새겨
영혼을 약속하련만

— 〈원추리 꽃〉 전문

젊은 날의 아름다운 사랑의 추억을 원추리 꽃에 비유한 작품으로 가슴 뭉클함을 느끼게 한다.

무슨 사연으로 어떻게 헤어졌는지는 모르겠으나 꿈엔들 잊을까/ 이슬 맺힌 사슴의 눈망울로/ 가슴앓이 하였건만// 이라는 표현에서 첫사랑의 깊이를 한껏 느낄 수가 있다. 그러나 기나긴 여정의 시간을 돌고 돌아 인생 후반에 찾아 온 그 사랑을 연상케 하며 그 옛날의 모습과 추억을 음미하면서도 이미 서로가 다른 길을 걷고 있음에 돌아설 수도 잊을 수도 없는 안타까움과 애달픈 심정을 잘 표현해 놓았다. 그러나 어쩌랴 인간이란 완전치 못함이며 사랑이란 또한 연분이고 필연이라는 인연으로만이 맺어지는 것을...

어둠을 깨드리는 인경(寅竟)의 시간에
촛불 밝혀
당신의 모습 우러러 봅니다

가느다란 각월(刦月) 아래 비친
당신의 엷은 미소는

허덕이는 내 영혼에

밝은 빛
맑은 향으로 감싸주시는
님 이시여

아직도 영글지 못한 열매
사랑으로 가득 채워주시는
당신,
당신은 정령
내 삶에 희망의 등불입니다

— 〈빛〉 전문

신앙인들의 기도하는 자세는 엄숙함과 정결함 속에서 해맑은 순수성으로 자신의 소망을 고하는 시간이다. 이한희 시인은 할머니께서 불교를 믿고 숭상하는 가정환경 속에서 성장하여 자연스럽게 불교인이 되었다. 따라서 할머니를 따라 수시로 절에 다니며 새벽이면 일어나 부처님 앞에 앉아 기도하는 모습도 자주 보았을 것이다. 그것이 생활의 습관이 된 듯 자신의 작품 속에서도 자연스럽게 우러나온다.

바로 이 작품의 1연의 인경의 시간이란 깊은 밤의 3~5까지 시간이다. 그 조용하고 엄숙함 속에서 엷은 초승달 같은 미소를 띄우고 있는 석가모니를 우러러 보며 기도하는 모습이 선명하게 드리워진다. 일상에 허덕이는 자신의 영혼에 밝은 빛 맑은 향으로 감싸주시는 부처님께 고마움과 의지하고픈 성스러운 마음을 잘 표현해 주고 있다.

뿐만 아니라 작품 〈당신의 존재〉에서도 삶이 가져다 준 은혜/ 망각과 착각 속에서/ 수련(修練)만이 사랑인줄 알았습니다// 어느 순간/ 깊고도 넓은/ 당신이라는 존재/ 알면 알수록 숙연해지는/ 사랑을 알았습니다// 그 아련한 눈동자 속의/ 심오(深奧)한 사랑이며/ 포근함이 아롱져 오는 자비심에/ 내 마음 빼앗긴 줄 이제야 알았습니다// 이 삶이 윤회(輪廻)하여 이 길에 온다면/ 후회 없는 사랑 찾아/ 당신 가슴에 꽃으로 피어나렵니다// 라고 하는 것처럼 종교인으로서 그간의 기도하는 생활 자세가 잘 못되었음을 참회하는 자세가 참으로 가상하며 존경스럽다. 2연에서처럼 믿음과 신뢰가 깊어질수록 마음의 자세가 숙연해 진다는 것을 뒤늦게 깨달아 부처님을 향한 기도하는 자세가 달라지고 있음을 잘 나타내 주고 있다. 뿐만 아니라 자신의 삶이 윤회하여 새롭게 태어난다면 부처님과 같은 자애 자비한 삶을 살아가겠다는 다짐까지 하는 마음 자세가 더 더욱 아름답다.

이처럼 〈빛〉과 〈당신의 존재〉의 시는 종교적인 시로서 해맑은 순수성과 지고지순한 믿음과 사랑에 대한 신뢰가 두드러지는 작품임이 분명하다. 그러나 또 다른 한편으로는 누군가의 깊은 사랑의 늪 속에서 지고지순한 행복을 만끽하면서도 그간의 지난날을 회상하면서 더 깊고 진한 사랑을 하고 싶다는 시인의 감추어진 마음이 참으로 예쁘고 아름답다. 아마도 이 누군가는 분명 지고지순한 남편이고 자식임이 분명해 보이며 참으로 부럽고 행복한 부부이고 가족이라는 생각이 든다.

불현 듯 찾아든 그리움
생각의 생각이 사고(思考)로 이루어질 때면
어김없이 찾아든 눈물세례

딱 한 개 피 만이라는
애원을 뿌리치지 못하고
한 모금의 하이얀 연기 날리시며

한 순갈의 목 추김으로
꿀꺽 소리 내시던 그 처연한 울림
지금도 내 귀청을 울리는 천둥소리

초점 잃어간 눈동자에
이게 아니야, 이게 아니야
안 돼 안 돼 외치면서
순간의 이별이 마지막 일 줄이야

그 가슴 도려내는
한(恨)의 소리
영혼의 울림이다

— 〈한(恨)의 소리〉 전문

참으로 가슴 아픈 전율이다. 한 생을 혈육의 정으로 이어진 참사랑을 오랜 기간 동안 병마에 시달려 떠나보내야 하는 안타까움을 그려낸 작품으로 가슴이 매어온다. 우리 인간에게는 누구나 한번쯤은 겪어야 하는 순간이기도 하지만 막상 그 상황이 되어보면 이루 말로는 할 수 없는 가슴 찢어지는 아픔을 겪기 마련이다.

이 시인 역시 어린 시절부터 아낌없는 사랑으로 자신을 보살펴 준 오빠의 병마와 죽음 앞에서 오열하고 말았던 추억을 떠 올리고 있다. 평소에 즐기시던 담배도 병상에 있는 동안 못 피우시다가 마지막을 예고나 한 듯 담배 한 목음이 그리도 그리워 애원하듯 피워 문 담배에 그만 생을 마감 할 줄을... 그걸 지켜본 동생인 시인의 애절한 마음을 그 누가 알겠는가 말이다.

또한 〈가을에 떠난 사람〉의 시에서 처럼 세월의 무상인지 / 바람의 여운인지/ 텅 빈 가슴에 그림자로/ 서 있는 당신// 아릿한 그리움이/ 코스모스 되어 밀려오는데/ 다시는 볼 수 없는 님이 되어/ 떠나버린 빈자리에/ 보랏빛 쑥부쟁이로 피어난 당신의 모습// 계절의 향기로 솟아오르는/ 그 속삭임들 / 아직도 내 가슴에 불꽃이 돋는데// 꿈에서라도 함께 하고픈/ 떠나간 내 사랑아/ 보고픈 내 사랑아//라고 울부짖는 듯한 오빠를 그리워하는 모습에서 생을 바친 후회스런 한의 절규가 가슴을 도려내는 아픔으로 다가온다. 이 사랑이야말로 인간이 베풀 수 있는 무조건적인 사랑이요 최상의 사랑이 아닌가 한다.

화창한 봄 햇살에
꽃가마 타고 나들이 한다

세월의 무게에 눌린
아버지의 청춘
이젠 꿈만 같았던
지난날의 화려함도 뒤로 한 채

휠체어에 의지한 몸으로
꽃바람 따라 물결치는
한강 고수부지를 걷는다

'이게 얼마만이냐' 하시던
그 천진스런 미소며
기쁨에 젖은 환한 마음
꿈엔들 잊을까
천상엔들 잊을까

이것이 효(孝)란 걸 잊고 살아온 자괴감
충효를 다짐한 자매의 나들이 길

— 〈나들이〉 전문

인간과 동물과의 다른 점이 있다면 사고하는 감성이다. 인간은 생각하고 느끼고 깨닫는다는 개념이 있기 때문일 것이다. 그리하여 즐거움과 아픔과 슬픔을 느낄 줄 알며 깨닫고 후회 할 줄 안다는 것이다.

효란 참으로 거창한 것처럼 생각하기 마련이다. 그러나

마음에서 울어나는 정성이며 희생과 봉사 정신이다. 부모님들이 자녀를 낳고 키울 때 대가를 바라고 지극정성을 쏟는 사람은 단 한 사람도 없을 것이다. 이처럼 자녀들 역시 부모와 조상님들께는 바라는 것이 없이 자신들이 받았던 사랑을 되돌려 드린다는 생각으로 온갖 정성을 다함이 진정한 사랑이요 효심이다.

이것이 바로 3연에서 '이게 얼마만이냐' 하시던/ 그 천진스런 미소며/ 기쁨에 젖은 환한 마음/ 꿈엔들 잊을까/ 천상엔들 잊을까//로 나타난다. 부모란 존재는 자식들에 바라는 것이 아무것도 없다. 오직 자식들이 잘 되길 만을 바라며, 자식에게 피해를 주지 않으려고 온갖 노력을 다한다. 그것을 바로 이 작품이 잘 나타내주고 있다.

기나긴 여정 외로움도 쓸쓸함도
자식위해 버텨 오신 삶
세월이 유수되어
몸도 마음도 쇠약해지신 당신

매주 동생과 함께 찾은
꿈의 동산이었건만
나 보다 먼저 온 동생의 수발에도
"왜 형은 안 온다니" 하시던
기다림의 여운 섞인 한마디

부모의 마음이란

큰 자식에 대한 사랑과 의지가 아니었을까

생을 바쳐 효(孝)를 다짐하지만
당신의 사랑에 미치지 못한 허울 좋은 이 삶
자학과 자괴감에 멍이든 가슴
무엇으로 헤아릴까

— 〈아버지의 마음〉 전문

한 평생을 가족만을 위한 부모님들의 지고지순한 가족 사랑의 정서가 눈물겹도록 아름답게 밀려온다.

2연의 나 보다 먼저 온 동생의 수발에도/ "왜 형은 안 온다니" 하시던/ 기다림의 여운 섞인 한마디//에서 나타나듯 가부장적인 생활 풍습에서 오는 아들과 맏이라는 개념이 잘 드러나 있다. 거기엔 언제나 믿음과 의무가 주어져 있기에 든든함을 상기 시키는 대목으로 부모님의 각별한 사랑을 받기도 했던 것이다. 그러한 무의식적인 삶의 자세에서도 큰 자식에 대한 그리움과 보고픔 더 나아가 애틋한 정을 나타내고 있음을 알아야 할 것이다. 그러나 자식들은 그 부모님의 지극정성의 사랑을 받고 살았음에도 4연에서 처럼 생을 바쳐 효(孝)를 다짐하지만/ 당신의 사랑에 미치지 못한 허울 좋은 이 삶/ 자학과 자괴감에 멍이든 가슴/ 무엇으로 헤아릴까//라고 하는 표현에서처럼 끝끝내 효를 다하지 못함에 대한 후회와 반성의 자학과 자괴감를 느끼고 있는 시인의 효에 대한 심성을 잘 알 수 있는 대목이다. 이처럼 우리 한국 사람들만이 갖는 특유한 가족 사랑의 모습을 잘 그린 작품이라 하겠다.

그럼과 동시에 어머니란 존재를 생각해 보기로 하자.

사철 등걸 휘어지며
빛바랜 세월로 지새운 삶

생을 받힌
한(恨)의 빗줄기 넘치고 넘쳐나
골이 패이고
강을 이루어
바다가 되는
엄마의 품속

거기엔
언제나 사랑과 평화가
빛으로 내리쬐는
거룩한 엄마란 이름 뿐

— 〈엄마〉 전문

엄마요 모성이란 것은 아버지란 존재와는 또 다른 의미를 갖는 존재이다. 10개월이라는 긴 세월 동안 자신의 몸속에서 씨앗을 키워 세상에 내 보내는 고난과 아픔의 결정체로 낳았기 때문에 자식 위한 사랑은 아버지와는 비교가 안 될 정도로 지극정성을 쏟는 존재이다.

또한 〈어머니〉란 시에서의 가슴으로 품어 안고/ 등으로 키워온/ 한(恨) 많은 세월들// 가족 위한 희생과 헌신/ 넘치는 사랑 주체치 못한/ 한의 여운들// 이제/ 불러도 대답 없는 이름이 되어/ 목매인 눈물만/ 볼을 덮고 있다// 라고 하는 한의 존재가 바로 등골 휘어지고 가슴이 패이는 아픔도 마다하지 않은 존재이다. 따라서 어머니란 존재는 사랑과 희생과 봉사란 정신이 우선시 되어있으며 자신의 생의 전부인 것이다. 그리하여 어머니란 존재는 위대한 존재이며 영원불멸의 아름답고 향기로우며 강인한 존재인 것이다.

세월이 유수되어
내가 할머니의 그 시절이 되었다

그리워 그리워 찾아든 고향
이젠 그 흔적 찾을 수 없어
가슴엔 아련한 멍에만 일고 있다

마당 끝 이랑에 선 감나무 그늘과
초가집 마루에 걸터앉아
할머니 기다리던 바람소리가
아직도 귓가를 맴도는데

이제는 그 따스한 목소리
들을 수 없음에
가슴 무너져 내린
그리운 님의 흔적들

— 〈할머니 생각〉 전문

인간은 누구에게나 그리운 고향이 있기 마련이다. 그 고향이 도시 보다는 시골이 훨씬 정서적으로나 그리움으로 더 강하게 다가 올 것이다. 그럴 때마다 잊을 수없는 그리움이고 추억의 존재는 할머니이고 초가집이며 동구 밖을 뛰어놀던 어린 친구들일 것이다.

이 시인 역시 아주 어린 유년의 시절을 시골집에서 할머니와 함께 살았다고 한다. 할머니의 훈훈하고 따뜻한 정을 마음껏 느끼며 살았던 모습에서 조상님들에 대한 효심과 특유한 고향의 맛을 지극히 서정적으로 잘 표현하고 있다.

그런가 하면 〈처마 끝 빗물〉이라는 시에 추적추적 그리움이 솟는 날/ 초가집 용마루 모첨(茅檐)에/ 방울방울 맺힌 여운들// 못내 장맛비 되어/ 시샘으로 곤두박치니/ 청춘도 영혼도 무너져 내려/ 낙수되어 넘치는 물받이들// 한(恨)인지 눈물인지/ 그 옛날의 추억들/ 새록새록 깨어나는/ 고향집 풍경// 이라고 하는 한국 특유의 시골 초가집 풍경이 눈앞에 선하게 그려진다. 더구나 용마루 모첨에 방울방울 맺혀 떨어진 빗방울의 여운 속에서 인생의 삶을 유추해 보는 그리움이 한결 뭉클하게 다가온다.

또한 〈겨울 방학〉에서는 싸늘함의 추억이 깃든 밤/ 할머니의 윗목엔/ 늘 질그릇의 콩나물 시루자리// 목추기는 콩나물/ 달그락거리는 물바가지// 긴긴 밤의 시장 끼에/ 가마솥 달구는 고구마 소쿠리/ 옹기종기 모여 앉은 호호호 부는 소리// 살얼음 입맞춤에/ 오싹한 전율의 동치미 국물/ 방안 가득 피어나는 행복한 웃음소리/ 눈꽃으로 피어난 호젓한 밤//이라고 하는 50~60년대의 시골 고향의 정서를 특유한 어휘의 구사 능력으로 잘 표현해 놓았다. 특히 달그락거리는 물바가지 소리며, 가마솥 달구는 고구마 소쿠리며, 하얗게 얼어 있는 동치미 국물의 오싹한 맛은 한국의 맛이며 우리들의 시골이 아니면 그 어느 곳에서도 맛볼 수 없는 고향의 맛이기도 하다.

또한 작품 〈겨울 꽃〉의 잿빛하늘에 싸늘함이 스칠 때면/ 발가벗고 서 있는 감나무엔/ 살포시 내려앉은 하얀 설화(雪花)/ 붉게 물든 까치밥과 조화를 이룬/ 한 폭의 수채화다// 님 찾아 내려온 그리움인지/ 하룻밤 묵고 가자는 애잔함인지// 어느덧/ 설화는 안개꽃이 되어/ 마디마다 주렁주렁/ 물방울 다이아몬드가 되어/ 내 가슴에 타오른 영롱한 그리움이다//이라고 하는 엄동설한의 시골풍경 중 빠뜨릴 수 없는 정경이다. 마당 한 켠에 서 있는 발가벗은 감나무의 붉게 매달려 있는 까치밥에서 한국인들의 훈훈한 정서가 한없이 깊게 느껴지는 모습이기도 하며, 대지의 작가 펄벅이 한국에 와서 보고 느낀 아름다운 미풍양속의 한 모습이다.

또한 님 찾아 온 그리움 인지 하룻밤 묵고 가자는 애잔함인지에서 오는 고향의 쓸쓸함과 따뜻한 정감을 반어적 은유법으로 표현 할 수 있었다는 것은 참으로 경이롭게 감탄할

잠시라도 쉬어감이 좋으련만

네 갈 곳
또 다른 삶을 위한
자연의 섭리란다

— 〈낙엽〉 전문

우주만물의 생태적 현실과 자연의 영향을 계절의 순환구조로 엮어 유추해 내는 발생이 시인의 눈에는 형이상적인 원리로만 보이는 것이다. 아늑하고 산뜻한 푸르름의 계절을 지나 만산홍엽이 되어가는 가을의 정취를 애교스럽고 사랑이 넘치는 여인의 모습으로 의인화시키고 있다는 점이 돋보인다.

뿐만 아니라 번지도 주막도 없는 고향을 찾아 떠나가는 그 쓸쓸함과 적막함 속에서도 내 한 몸 죽어 흙이 되고 거름이 되어 주고 싶다 라고 하는 천체의 원리로 참사랑을 논할 줄 아는 마음으로 세상을 보고 있다는 점이 이한희 시인의 시 세계를 들여다 볼 수 있다는 점에서 세상의 빛을 밝힐 줄 아는 시인이라 감히 생각하게 하는 대목이다.

또한 〈가을의 초입에 서서〉란 시에서 뙤약볕이 엊그제 였는데/ 빛도 바람도 꺾여/ 살폿한 그리움이 가슴을 맴돈다// 풍요와 너그러움 보다/ 갈망의 잔을 채우고픈/ 야심어린 세월의 아쉬움을/ 어이 달래야 하는지// 생각과 의지의 사이에서/ 방황의 늪을 걷지 못하고/ 아련한 추억만 젖고 있는/ 노심(老心)의 하루//에서처럼 가을의 쓸쓸함을 한 인생의 노후의 일상으로 풀어가는 재치가 참으로 가상하다. 젊은 시절의 야심찬 정열과 투지도 세월 지나 노인이 되는 순간부터 인생의 허무와 아쉬움을 뒤로한 채 그리움의 추억만을 생각하며 살아가는 게 우리들의 일상이다.

뿐만 아니라 〈어느새 가을이〉에서의 태양의 열기로 익어가는/ 울울창창(鬱鬱蒼蒼) 푸른 빛/ 파도 음에 밀려난/ 바람을 접드니만// 이젠/ 색동옷 차려 입은 고목이며/ 하얀 수염 나부끼는 갈대들이/ 호반을 젖게 하겠지// 아! 가을/ 바람도 단풍도/ 내 마음을 젖게 하는구나// 처럼 젊음의 화려함도 노후의 인생이 되면 하나 둘 다 내려놓고 쓸쓸함과 호젓함을 벗 삼아 살아가는 모습을 가을이라는 계절을 통하여 의인화 시킨 점도 시인의 시력을 보여주는 강한 장점이기도 하다.

검게 그을린
어둠의 햇살을 뚫고
내 곁을 찾아온 님이시여

희다 못해 영롱한 빛
천상의 해맑음으로
꽃눈 되어 펄펄 춤추며 오시나요

선과 악에 선을 긋고
만인의 가슴에 빛으로 쏟아지는
하얀 면사포 되어
찬란한 영광의 깃발 날리시나요

당신의 그 맑고 고운 빛
가슴 깊이 새겨 넣고
꿈길 보다 더 화려한
꽃 춤으로 지상을 덮어
이승을 살라 하네요

— 〈눈 내리는 밤〉 전문

설한풍이 몰아치는 야심한 밤하늘에 숨소리마저 들리지 않는 고요의 숲이 밀어 다칠 때면 어김없이 찾아와 주기를 바라는 님이 있다. 그 님은 해맑은 순수와 꽃처럼 아름다움만을 창조하여 선과 악, 밝음과 어둠을 동시에 수용하고 어울리게 하는 마음으로 '하얀 면사포 되어 찬란한 영광의 깃발 날리시나요'라고 하는 표현에서 참된 모습으로 세상을 밝혀 주고자하는 희망의 메시지가 감동적이다.

뿐만 아니라 작품 〈백설〉〈첫눈〉〈겨울 빛 풍경〉에서와 같이 그 맑고 고운 빛을 가슴에 새겨 동백과 인동초 처럼 설한풍을 뚫고 꽃을 피우는 강인한 모습으로 세상을 밝혀주라는 소망 또한 감동적인 메시지가 전해지는 작품들이다. 역시 시인은 사물을 보고 느끼는 감성이 예리함을 넘어 통찰력의 깊이를 느끼게 하는 매력을 가진다고 할 수 있겠다.

푸르름의 싹들이
녹색 향연을 이루더니
오색단풍의 만추를 지나
싸늘함이 엄습한 차가운 겨울

짙은 커피 향에 취해
저물어가는 한해를 돌이키며
첫날의 다짐을 음미해 본다

성취의 단맛보다 미흡함의 쓴맛을 느끼며
그래도 성심껏 살았음에
안도의 마음 토닥이는 오후
잿빛 하늘엔
하얀 눈꽃송이 펄펄 내리겠지

이제 또 다른 한해가 열리면
더 큰 소망 꿈꾸며
더 큰 행복을 다짐해 보련다

— 〈문득 겨울이〉 전문

인간이란 누구나 새해가 되면 나름대로의 새해에 대한 계획과 꿈을 꾸기 마련이다. 그러나 작심삼일이라고 어느새 까마득히 잊고 살다가 연말이 되면 자신을 유추해 보면서 반성과 후회의 길을 걷기 마련이다.

이러한 반복된 생활 속에서 알게 모르게 조금씩 성숙해 가면서 뉘우침과 깨달음의 삶을 살아가는 게 인간이다. 이 시인 역시 우리들처럼 평범한 사람임이 분명해 보인다. 그러면서도 분명 우리와 다른 것은 순수한 감성의 인간미가 두드러진다는 것이다.

1연의 계절적 감성이며 3연의 삶이란 일상생활에서 얻은 단맛과 쓴맛의 반성과 뉘우치고 깨달음의 감성에서도 미래를 예측하는 희망을 간직하고 있다는 것이다.

또한 작품 〈이월〉과 〈사월〉에서도 반성만을 논하기 보다는 항상 밝고 맑은 희망의 메시지를 전하려고 하는 긍정적인 자세가 미래를 밝혀주는 훌륭한 시인의 자질을 가졌다는 것에 찬사를 보낸다.

창밖엔 빗방울이 추적이고
가로등 불빛은 을씨년스럽게
행인의 발길을 더듬고 있다

무언가 골똘한 생각에 잠겨
사고(思考)를 유추해 보지만
아무것도 떠오르지 않는다

웬일일까
갱년기의 허무랄까
삶의 허상이랄까
바쁜 일상에도 무념(無念)의 틀을

벗어나지 못함의 추상(追想)일까

비바람에 나부끼는 나뭇잎이며
여인의 옷깃을 흔들어 깨우는
저 찬연한 모습들
쉘부르의 추억을 안고 빗길을 걷고 싶다

— 〈빗속의 잔상〉 전문

그렇다 창밖에 내리는 빗방울에도 가로등의 불빛에도 행인들의 발길에도 별다른 감성이 떠오르지 않는다는 것은 그만큼 세상의 삶에 지친 몸일 수도 감성이 매마를 수도 갱년기의 생리적 현상일 수도 있다.

그럼에도 아름다움이 만연된 부풀었던 꿈들이며 친구들과의 왁자지껄한 낭만이며 혜성처럼 나타난 연인과의 데이트로 사철을 즐기며 헤매던 추억들이 주마등으로 스치는 순간에도 연인과의 빗속을 거닐었던 쉘부르의 추억만큼은 잊을 수 없을 것이다. 그래서 우리 인생의 젊음은 그렇게 아름다운 것이다.

섭디 서러운 그 날
당신이 누운 그 자리에
빗물이 고였어요

내 마음 알아차린
당신의 흔적으로

바람타고 그 먼 길 찾으셨군요

허나, 어찌 하오리까
잡으려 잡으려 해도
잡혀지지 않는 당신의 방울 방울들

창살을 스쳐 흐르는
저 빗줄기 속에
나는 당신을 못 잊도록 그리워하고 있음을

— 〈빗물〉 전문

비라는 존재는 참으로 아이러니하다. 추억과 낭만을 논할 때도 비가 등장하며 쓸쓸함과 울적함 괴로움과 슬픔에도 비는 어김없이 나타난다. 그만큼 비는 인간들의 삶과 밀접한 관계라고나 할까. 그리하여 비는 눈물이요 슬픔이요 괴로움이며 또한 그것을 딛고 일어서는 낭만이고 추억이며 성공의 밑 걸음이 되어주는 것 또한 비란 존재다.

이 시에서는 1연의 섭디 서러운 그 날/ 당신이 누운 그 자리에/는 2연의 바람타고 그 먼 길 찾으셨군요/에서처럼 부모님과 또는 사랑하는 사람과의 하직을 뜻한 것이 아닌가 싶다. 뿐만 아니라 4연의 창살을 스쳐 흐르는/ 저 빗줄기 때문에 언제나 사랑하는 사람이 보고픔과 그리움이 생각나는 애달픈 추억이 가슴을 숙연하게 하여준다.

작품 〈비가 내리면〉과 〈밤비〉에서도 비가 내릴 때마다 쓸쓸함과 그리움에 취해 사랑하는 부모님과 연인을 가슴 깊숙이 품고 젖고자 하는 마음이 참으로 애석해 보이며 감동적이라고나 할까.

이렇게 이한희 시인의 시세계를 살펴보면서 뜻하지 않는 기쁨을 맞이할 수 있었다. 오늘날의 최첨단 과학의 시대에 책보다는 영상 매체에 현혹되고 녹아내린 감성의 시대에 인간의 본성을 음미케 해주는 순수 이성적 감각을 깨우치게 해주는 시인을 만났다는 것이 참으로 기쁘고 보람된 일이다. 보다 열정적인 활동으로 불멸의 시를 남겨 세상을 밝혀주길 기대해 본다.

청명한 바람 속에서 맞는
어린이 날
손주 녀석들이 왔다

왁자지껄한 웃음 속에
할아버지 할머니를 향해
인사하는 모습이 너무도 예쁘다

— 화담 숲에서 —

내 영혼의 조각들

인 쇄 | 2023년 7월 24일
발 행 | 2023년 7월 25일

지은이 | 이한희
펴낸이 | 정찬우
펴낸곳 | 도서출판 밀레

등 록 | 2004년 12월 15일 제204078호
주 소 | 서울 서초구 효령로 53길 18, 210호
(서초동, 석탑오피스텔)
TEL : (02)588-4671~2
FAX : (02)588-4673
e-mail : hyunwoot@hanmail.net

값 20,000원
ISBN 978-89-97815-30-2

파본은 본사나 구입하신 서점에서 교환해 드립니다.